Eberhard P. Rossner

Die hethitischen
Felsreliefs in der Türkei

Ein archäologischer Führer

2. erweiterte Auflage
1988

Band 1 der Reihe "Felsdenkmäler in der Türkei"

ISBN 3-924390-02-9

Umschlaggestaltung: Achim Werner, unter Verwendung einer
Zeichnung von Helmut Ettenhuber
Namenskartusche des Großkönigs Tuthalija IV.
im Felsheiligtum von Yazilikaya

Karten: E.P. Rossner

Druck: F. Steinmeier, 8860 Nördlingen

Hersteller: Johanna Bergbauer

Zu beziehen auch über:
Eberhard P. Rossner Verlag
Titurelstraße 4
8000 München 81

Kopf des Königs Hartapus auf dem Kizil Dag
(Photo nach einer Kopie von O. Reiter)

Inhaltsverzeichnis

Vorwort 9
Einführung 11
Die Hethiter 13
    Einwanderung 13
    Geschichte des Reiches 15
    Königsliste 18
    Untergang 19
    Die späthethitischen Kleinstaaten 23
    Sprache und Schrift 25
    Die „Tausend Götter" des Reiches 31
Die hethitischen Felsreliefs 33
    Was wird auf den Reliefs dargestellt? 34
    Das Konzept der Bildhauer 36
    Wo befinden sich die Reliefs? 36
Die Standorte der Reliefs

1	Akpınar	39
2	Karabel	46
3	Midasstadt	53
4	Gavurkalesi	57
5	Yalburt	63
6	Eflatun Pınar	67
7	Fasıllar	75
8	Kızıl Dağ	82
9	Kara Dağ	82
10	Mamasın	96
11	Keben	99
12	Ivriz	103
13	Bulgarmaden	116
14	Karapınar	119

15	Suvasa	125
16	Karaburna	131
17	Malkaya	136
18a	Hattuscha/Nişantaş	141
18b	Yazılıkaya	144
19	Alaca Hüyük	152
20	Fraktın	159
21	Taşçı	168
22	Imamkulu	173
23	Hanyeri	180
24	Karakuyu	186
25	Gürün	191
26	Şirzı	194
27	Karasu	198
28	Yesemek	202
29	Karatepe	209
30	Hemite	219
31	Sirkeli	223

Exkurs:

A	Yumruktepe	228
B	Ermenek	233
C	Taçın	235
D	Kötükale	236
E	Meydancık Kalesi	239

Bibliographie	241
Abkürzungsverzeichnis	243

Lexikon

Orte und Länder	244
Sachen	247
Personen und Völker	248

Vorwort

Der Erfolg der ersten Auflage hat mir Mut gegeben, eine völlig überarbeitete und erweiterte zweite Auflage zu schreiben. Wurden 1984 in dem Büchlein nur 17 Standorte aufgeführt, so sind es jetzt 36, inkl. Exkurs. Damit stellt dieses Buch die Frucht fünfjähriger Bemühungen um die hethitischen Felsreliefs in der Türkei dar, sofern sie sich noch in situ befinden.

Mein besonderer Dank gilt Frau Dr. Jutta Börker-Klähn/Berlin für die liebenswürdige Überlassung ihres noch ungedruckten Manuskripts »Hartapus(a) und das Fortleben der Hethiter in Griechen und Römern«. Dieses Werk hat meine Kenntnisse nicht nur über die sogenannte »späthethitische« Zeit erweitert.

Dank sagen möchte ich aber auch den vielen ungenannten Hirten und Bauern, Dolmusfahrern und Kindern, ihrer Ortskunde und auch ihrer Geduld habe ich es zu verdanken, daß ich trotz vieler mangelhafter oder gar falscher Angaben in der Fachliteratur und in alten Quellen nicht in die Irre geführt wurde.

München/Regensburg, im April 1988

Eberhard P. Rossner

Einführung

Diese erweiterte Neuauflage soll sowohl einen Reiseführer spezieller Art als auch eine Monographie darstellen. Als Reiseführer wird das Buch, bedingt durch die ständige Entwicklung, nie ganz abgeschlossen sein. Als Corpus hingegen soll es eine Darstellung sämtlicher hethitischer Felsdenkmäler in der Türkei, sofern sie noch in situ sind, sein, also ein vollständiges Werk, wobei die Diskussion um die Inhalte, die Interpretationen und die Datierungen aus der Natur der Sache heraus nie endgültig sein kann.

Wie schon in Band 2 der Reihe »Felsdenkmäler in der Türkei«, »Die neuassyrischen Felsreliefs in der Türkei«, München 1987, habe ich mich einer Textverarbeitung bedient, die noch ein paar Schwachstellen hat. So ist es mir bis heute nicht gelungen, die türkischen Sonderzeichen darzustellen.

Jahreszahlen, sofern sie sich auf die hethitische Geschichte beziehen, bewegen sich selbstverständlich *immer* in Epochen *vor* unserer Zeitrechnung, der Einfachheit halber habe ich den Zusatz »v.Chr.« stets weggelassen. Ebenso fehlt »n.Chr.« z.B. bei Lebensdaten von Forschern, auch der Laie kann aus dem Zusammenhang mühelos ersehen, ob bei einer Jahreszahl die Angabe »vor« oder »nach Christi« fehlt.

Die Reliefs sind in der Regel von West nach Ost aufgeführt. Auf der Rückseite des Buches ist eine Landkarte mit der Verteilung der Reliefs, die einzelnen Standorte sind mit Nummern gekennzeichnet. Diese Nummern finden Sie auch im Text wieder.

Der Exkurs A-E umfaßt Reliefs, deren Existenz strittig ist, sei es, daß sie stark beschädigt sind (B), daß sie vielleicht gar nicht mehr vorhanden sind (D) oder daß ihre hethitische Herkunft (noch) nicht geklärt ist (A, E). In einem Fall ist die Zerstörung jüngsten Datums (C).

Photographien, Zeichnungen und Skizzen sind, wenn nicht anders vermerkt, vom Verfasser.

Alle Wege sind mit einem normalen VW-Bus zu befahren. Die meisten sogar mit einem Pkw herkömmlicher Bauart. Es ist aber durchaus möglich, daß Sie im Frühjahr noch hier und dort schlechte Wegverhältnisse antreffen, weil die Strecke noch nicht planiert worden ist und deshalb von den Bergen heruntergeschwemmtes Geröll die Weiterfahrt erschwert.

Für Anregungen und Verbesserungsvorschläge bin ich immer aufgeschlossen. Zögern Sie nicht, mich zu kritisieren.

Woher kamen die Hethiter nach Kleinasien?

Kein einziges Monument berichtet davon, daß zwischen dem Ende des IV. Jahrtausends und dem Beginn des 20. Jahrhunderts - die Ansichten über den Zeitpunkt gehen noch auseinander - die Hethiter in Kleinasien eindrangen. Auch die ältesten Urkunden erzählen nichts von früheren Wohnsitzen; die Hethiter treten von Anfang an als die Herren des Landes Hatti auf.

Ebenso ist noch ungeklärt, ob sie ihren Weg über den Balkan und Bosporus oder aber über den Kaukasus nahmen. Ihre indogermanische Sprache gibt uns auch keinen Hinweis. Diese zeigt gleichermaßen Verwandtschaft mit dem Keltischen und Italischen, aber auch mit dem Tocharischen, das in Chinesisch-Turkestan gesprochen wurde. Indogermanische Sprachen werden bzw. wurden in weiten Teilen Europas und Asiens gesprochen. Allein von daher gesehen ist also ihre Herkunft unklar.

Mit der Anrufung des Sonnengottes beginnt ein Gebet des Großkönigs Muwatalli (1306-1282):

»Des Himmels Sonnengott, der Menschheit Hirte!
Du steigest aus dem Meer empor, des Himmels Sonne!«

Aus diesem Pestgebet, das in Hattuscha gefunden wurde, hat man einige Zeit auf die Heimat der Hethiter schließen wollen: Wenn die Hethiter diese Vorstellung der aus dem Meer aufgehenden Sonne mitgebracht haben, dann »dämmert hier die anscheinend letzte Erinnerung an eine frühere Heimat auf, die im Osten ihre natürliche Grenze am Gestade des Meeres gefunden haben muß.«[1])

Hin und her wurde spekuliert, welches Meer damit wohl gemeint sein könnte. Vor allem das Kaspische Meer hatte man im Auge. Jedoch ist es mehr als fraglich, ob die Einwanderer überhaupt solange die Erinnerung an eine alte Heimat bewahrten. Inzwischen hat man begonnen, die aus dem Meer aufsteigende Sonne nicht in geographischem Sinne zu sehen, sondern im mystischen und ordnet sie dem hethitischen Weltbild zu: Die Sonne steigt jeden Morgen aus dem Totenreich auf. Die Erde schwimmt im Meer der Nacht, in der Unterwelt. So ergibt auch das Gebet des Muwatalli keinen Hinweis auf die Herkunft der Hethiter.[2])

Vor Jahren betrachtete man das Auftreten der ersten Hethiter in Kleinasien als Ergebnis einer Völkerwanderung, nicht lange vor den ersten schriftlichen Zeugnissen. Man hatte noch eine mächtige, kriegerische Masseninvasion der Indogermanen vor Augen. Neuere Forschungen weisen diese Klischeevorstellung zurück. Kurt BITTEL betont 1945, daß ein massives Auftreten neuer Kulturelemente zu Beginn der Hethiterzeit sich nicht feststellen lasse, ein Wechsel der Bevölkerung sei nicht beweisbar.[3])

Für den Sprachwissenschaftler W. PORZIG stellt sich die Art und Weise, wie die hethitischen Einwanderer ihre Macht und ihre Sprache durchgesetzt haben, so dar: »Das beginnt mit Dynasten einer einzelnen Stadt, die mit den Mitteln ihres kleinen Staates zunächst die umliegenden Städte unter ihre Botmäßigkeit bringen und so schließlich die Herrschaft über ein größeres Gebiet erringen. Für den Anfang brauchen wir also nichts als einen Häuptling mit einem Gefolge, groß genug, um ein anatolisches Felsennest zu überfallen und als Machtkern zu organisieren. Bei den labilen Gleichgewichtsverhältnissen, die zu der Zeit in Anatolien herrschen, genügt eine verhältnismäßig geringe Kraft, mit Geschick und Tatkraft eingesetzt, um weitreichende Wirkungen zu erzielen.« Die neuen Herren bauen ihre Macht mit Hilfe von Söldnern aus den Bergen oder aus der Wüste aus und »durch Bündnisse und Verschwägerungen mit Nachbardynasten. Sie verstehen das Geschäft des Vertragsschlusses ebenso gut wie den raschen Verrat und wissen sowohl mit der diplomatischen Feder als mit der modernsten Kriegstechnik umzugehen.«[4])

---

1) F. SOMMER, Hethiter und Hethitisch (1947) 2.

2) AKURGAL hatte SOMMERS Argumentation übernommen. Er sieht die Hethiter »von ihrer ursprünglichen europäischen Heimat über den Kaukasus« ziehen und sich »irgendwo östlich des anatolischen Landes« niederlassen: E. AKURGAL, Die Kunst der Hethiter (1961) 20.

3) B. BITTEL, Grundzüge der Vor- und Frühgeschichte Kleinasiens (1954) 41.

4) W. PORZIG in: G. WALSER (ed.), Historia 7 (1956) 4.

Die Geschichte des Reiches

Die geschichtliche Zeit in Anatolien beginnt im 19. Jahrhundert mit der Aufnahme der altassyrischen Handelstätigkeit und dem Fund der umfangreichen Handelsarchive im karum Kanisch bei Kültepe/Kayseri. Von diesen assyrischen Handelsniederlassungen ist keine bewußte Kolonisation im modernen Sinne betrieben worden. Es fand lediglich ein Güteraustausch statt.

Die hethitischen Einwanderer haben sich schnell den Verhältnissen, die sie vorgefunden haben, angepaßt und übernehmen viele Bräuche der vorhethitischen Bevölkerung (»Protohattier«). Die Kultur, die sie schaffen, beruht auf einheimischen Grundlagen. Da aber drei große Kulturen an das Hethiterreich grenzen, machen sich auch fremde Einflüsse bemerkbar. Im Westen ist es das kretisch-ägäische Gebiet, im Süden Ägypten mit dem Vorfeld Syrien und im Südosten Mesopotamien, d.h. Assyrien und Babylonien. Kriegerische Auseinandersetzungen, diplomatische Beziehungen und der Austausch von Gütern vor allem nach Süden und Südosten sorgen für wechselseitige Beeinflussung.

Im Verlauf des 17. Jahrhunderts setzt sich in Kleinasien das hethitische Element durch. Ab der Mitte des 14. Jahrhunderts entsteht die hethitische Großmacht, die es mit Ägypten und Babylon, später auch mit Assur aufnehmen kann.[1] Damit hat das hethitische Großreich begonnen. Seine Könige nennen sich Großkönige, ein Titel, den in dieser Epoche sonst nur noch die Herrscher von Ägypten, Assyrien und Babylonien beanspruchen.

Hattuscha ist seit spätestens 1600 Hauptstadt des althethitischen Reiches, zur Zeit Hattuschilis I. Sein Nachfolger Murschili I. nimmt sogar Babylon ein, was das Ende der Hammurabi-Dynastie bedeutet. »Der hethitische Staat, das Reichsgebiet, hat wiederholt viel größere Räume umfaßt als die, welche wir ohne Bedenken als Heimat und Nährboden hethitischer Kultur im eigentlichen Sinne bezeichnen dürfen.«[2]

Mit dem Regierungsantritt Schuppiluliumas I., einem Sohn Hattuschilis II., erlebt das Reich ab 1380 eine Blütezeit. Er kontrolliert Mitanni, ein Reich im oberen Mesopotamien: Eine seiner Töchter heiratet einen mitannischen Prinzen, der seine Macht nur mit Hilfe seines Schwiegervaters aufrechterhalten kann. Die Witwe des ägyptischen Pharao Tutenchamon bittet Schuppiluliuma sogar um einen seiner Söhne als zukünftigen Herrscher von Ägypten. Das hethitische Großreich hat sich nicht nur innenpolitisch konsolidiert, sondern stellt auch im gesamten Vorderen Orient einen starken Machtfaktor dar.

Die Hethiter drängen weiter nach Süden und bald ist ganz Syrien unter ihrem Einfluß. Ramses II. von Ägypten will die ägyptische Vorherrschaft wiederherstellen; es kommt zur Schlacht von Kadesch (1288), bei der es auf beiden Seiten nur Sieger gab, wenn man den Erzählungen der Herrscher Glauben schenken will. Ein Vertrag wird geschlossen, er legt im mittleren Syrien die Grenzen beider Mächte fest. Dieser Pakt zwischen Ramses und Hattuschili ist an die Wände von Karnak im Niltal geschrieben. Der ägyptische Pharao heiratet nacheinander zwei Töchter Hattuschilis,[3] aber »nicht als Nebenfrau!«, was der hethitische König ausdrücklich zur Bedingung macht.

Hattuschili III. bringt seine Tochter zu Ramses II. (ägypt. Darstellung aus Abu Simbel)

Tuthalija IV. (ca. 1250-20) kann das überkommene Erbe voll wahren, auch wenn das politische Gleichgewicht gegenüber

Assyrien ins Wanken gerät: Der assyrische König Tukulti-Ninurta I. überschreitet plündernd den Euphrat, aber Tuthalija kann diesen Stoß auffangen. Von nun an beansprucht er als erster hethitischer Herrscher den Titel »König der Gesamtheit«, den vor ihm die assyrischen Könige mit dem Anspruch auf die Weltherrschaft führten.[4])

Der letzte uns bekannte Großkönig ist Schuppiluliuma II. (1190– ?), ein uns bis 1956 unbekannter Sohn Tuthalijas IV. In seiner Regierungszeit geht das Großreich zugrunde.

---

1) K. BITTEL, Die Hethiter (1976) 103.
2) Ebda. 9.
3) K. BITTEL, Anatolian Studies Presented to Hans Gustav GÜTERBOCK on the Occasion of his 65th Birthday, Festschrift GÜTERBOCK (1974) 69 f.
4) H. OTTEN, Mitteilungen der Deutschen Orient-Gesellschaft 94 (1963) 1.

Liste der hethitischen Könige[1])

Altes Reich

Anitta von Kuschara und Nesa	
Tuthalija I. von Kuschara	1740-1710
Labarna I. von Kuschara	1680-1650
Labarna II. (= Hattuschili I.)	1650-1620
Murschili I.	1620-1590
Telipinu	1525-1500
Tuthalija II.	1460-1440(?)
Arnuwanda I	1440-1420
Hattuschili II.	1420-1400

Großreich

Tuthalija III.	1400-1380
Schuppiluliuma I.	1380-1340
Arnuwanda II.	1340-1339
Murschili II.	1339-1306
Muwatalli	1306-1282
Murschili III. (=Urhi-Teschup)	1282-1275
Hattuschili III.	1275-1250
Tuthalija IV.	1250-1220
Arnuwanda III.	1220-1190
Schuppiluliuma II.	1190- ?

---

1) Nach: Thomas BERAN, Die hethitische Glyptik von Bogazköy, WVDOG 76 (1967). Die Jahreszahlen sind nach: J. GARSTANG/ O.R. GURNEY, Geography of the Hittite Empire (1959) ix. G. WILHELM, Grundzüge der Geschichte und Kultur der Hurriter (1982) setzt die Daten etwas früher an. Vgl. dazu aber auch: H. OTTEN, Die hethitischen historischen Quellen und die altorientalische Chronologie (1968), Akademie der Wissenschaften und der Literatur Mainz, Jahrgang 1968, Abhandlungen der geistes- und sozialwissenschaftlichen Klasse Nr. 3.

Der Untergang des Reiches

Ungefähr zeitgleich mit Troja[1]) geht Hattuscha unter, ebenso wie Ugarit. Und auch die mykenischen Paläste finden um 1200 ihr Ende. In Nordsyrien und Nordmesopotamien bilden die Nachfolger des Großreichs eine Reihe von Stadtstaaten, die mehr oder weniger von einer jungen, aufstrebenden Macht, den Assyrern, bedroht und damit abhängig sind.

Kurt BITTEL stellt 1980 fest: »Bei keinem der bis heute durch Ausgrabung genauer erforschten Orte im Kerngebiet des Hatti-Reiches gibt es im archäologischen Fundbestand ein unmißverständliches Zeugnis dafür, daß außerkleinasiatische Kräfte oder solche aus anatolischen Küstenbereichen an Untergang oder Zerstörung beteiligt gewesen wären oder ihn gar auslösend herbeigeführt hätten.« Im Westen Kleinasiens gibt es dagegen, wenn auch nur aus dem keramischen Befund, Anzeichen dafür, daß in dem Jahrhundert, das dem Untergang des hethitischen Großreichs folgte, dort »ein fremdes, doch wohl primär außerkleinasiatisches ethnisches Element sich temporär zur Geltung gebracht hat«.[2]) Auf der anderen Seite muß man sich aber fragen, ob jemand, der etwas vernichtet, auch unbedingt etwas hinterlassen muß, vor allem dann, wenn er gleich wieder weiterzieht. Und sind die Neuankömmlinge geblieben, so brauchten sie eine gewisse Zeit, um sich zu etablieren, erst dann können sie ihre eigenen Spuren hinterlassen.

Die ägyptischen Quellen schreiben den Fall des Hethiterreiches ausdrücklich den »Seevölkern« zu. Doch muß man sich fragen, inwieweit die Ägypter überhaupt in der Lage waren, den Untergang aus der Ferne korrekt zu schildern. Vielleicht übertragen sie das, was sie mit den Eindringlingen erlebt haben, ganz einfach auch auf die Hethiter.

Aus den Archiven in Hattuscha erfahren wir nichts von einer drohenden Invasion fremder Völker. Dafür sagen uns die Korrespondenzen, wovor man in der Hauptstadt Angst hatte: »Vor dem Abfall der Vasallenfürsten, dem Vertragsbruch befreundeter Fürsten und Untertanen, der Untreue in der eigenen Königsburg... Einzelne Vasallen schließen sich gegen Hattuscha zusammen, die rebellischen Feudalherren werben Söldnermassen von der Grenze an, und in diesen Kämpfen zwischen den abtrünnigen Fürsten und der Zentralmacht bricht das hethitische Reich auseinander.«[3]) Die Indizien deuten darauf, »daß sich das Hethiter-Reich im Zusammenwirken von äußerer Bedrängnis und innenpolitischem Chaos gleichsam selbst liquidierte.«[4])

Auf einer in Bogazköy gefundenen Keilschrifttafel steht etwas von den innenpolitischen Schwierigkeiten, die man befürchtet: »oder vom Könige fallen das Heer, königliche Truppen oder die Länder ab, [...] , oder die Großen fallen vom König ab, oder der König erkrankt, oder der König befindet sich auf einem fernen Feldzug ...«[5])

Aus den Annalen Tiglatpilesers I. wissen wir, daß spätestens um 1150 etwa Gruppen von Kaschka-Völkern[6]) von der Schwarzmeerküste bis an den oberen Tigris gekommen sind. Das aber würde voraussetzen, daß die hethitische Großkönigsherrschaft in ihrem »Herzland tödlich getroffen« war.[7])

Am sinnfälligsten mag G. DOBESCHS Erklärung für die marodierenden Völker sein: »Wir kennen das Phänomen, daß Völker sich umstellen auf reines Rauben. Die erobern nicht ein Land nach dem anderen, sondern sie ziehen durch, plündern, und wenn alles kahlgefressen ist, dann zieht der Heuschreckenschwarm weiter. [...] Mit den vielen Völkernamen..., sind die Seevölker ein klassisches Beispiel eines Phänomens, das wir aus der Völkerwanderung kennen, der sogenannten Wanderlawine. [... Diese sind] uneinheitlich in sprachlicher Zusammensetzung, in völkischer Zusammensetzung, in der Herkunft oder in der Kulturstufe. Das alles bildet kein Hindernis. Fremde Elemente tun da ohne weiteres mit, das kennen wir mehrfach in der Geschichte.«[8])

Zufällig lernte ich im Frühjahr 1983 den Architekten Peter NEVE kennen, der seit Jahrzehnten die Ausgrabungen in Hattuscha leitet. Er erzählte eine weitere Variante des Untergangs: Es sei mehr als unwahrscheinlich, daß es den Seevölkern gelungen sei, die Hauptstadt plötzlich zu überfallen und zu brandschatzen. Die Stadt sei uneinnehmbar gewesen, so verfügte sie über eine eigene, genügende Wasserversorgung und Kanalisation, in den Magazinen lagerten ausreichend Vorräte, die gesamte Infrastruktur, wie Städteplaner heute sagen würden, sei intakt gewesen. Somit sei der Untergang nicht militärisch, sondern wirtschaftlich bedingt: Die Seevölker hatten die Nachschubwege zu den wichtigen Handelspartnern blockiert und ließen damit die Geschäfte stocken. Die Nachbarn ringsum nutzten die augenblickliche Schwäche und taten ein übriges, um die Königsburg von ihren Lebensadern abzuschneiden.[9])

1986 wurde am Yerkapi in Hattuscha eine bronzene Tafel mit einer Keilinschrift gefunden, auf der ein Vertrag zwischen dem Großkönig Tuthalija IV. und den König Kurunta von Tarhuntascha aufgezeichnet ist. Dieser König erweist sich als Verwandter Tuthalijas, d.h. er ist ein Sohn Muwatallis und außerdem ein Bruder von Urhi-Teschup (= Murschili III.). Weiter wurde in Tempel 3 eine Reihe von Dokumenten mit Siegelabdrücken desselben Kurunta aufgedeckt, in denen er sich, im Gegensatz zu der Bronzetafel, hethitischer Großkönig nennt. Wenn das zutrifft, ist er während Tuthalijas Regierungszeit kurze Zeit an der Macht gewesen. »No doubt this event was caused by family feuds within the royal dynasty, the very reason which - last, not least - led to the destruction of the capital and finally to the end of the Hittite Empire.«[10])

Interessant ist in diesem Zusammenhang, daß die Brandschicht in Hattuscha nur auf »allen offiziellen, Staat und Königtum repräsentierenden Bauwerken« zu finden war, der Wohnbereich zeigte keine Spuren eines verheerenden Feuers; vermutlich haben bürgerkriegsähnliche Zustände geherrscht.[11])

---

1) Genauer gesagt: Troja VIIa.
2) K. BITTEL in: Griechenland, die Ägäis und die Levante während der »Dark Ages« vom 12. bis zum 9. Jh. v.Chr., Symposion Stift Zwettl 1980, Veröffentlichungen der Kommission für Mykenische Forschung 10 (1983) 45.
3) G. WALSER in: Historia 7 (1956) 9.
4) J. BÖRKER-KLÄHN, Hartapus(a) und das Fortleben der Hethiter in »Griechen« und »Römern«, Noch unveröffentlichtes Manuskript (1988) 23.
5) Zitiert nach: H. OTTEN, Mitteilungen der Deutschen Orient-Gesellschaft 94 (1963) 5.

6) Die Kaschka-Völker im Norden stellten für das Hethiterreich eine ständige Bedrohung dar.
7) G.A. LEHMANN in: (Anm. 2) 51.
8) G. DOBESCH in: (Anm. 2) 60 f.
9) Mündliche Mitteilung von P. NEVE im Frühjahr 1983 in Bogazkale/Hattuscha.
10) Nach P. NEVE in: Recent Archaeological Research in Turkey, Anatolian Studies 37 (1987) 181: »Dieses Ereignis wurde ohne Zweifel durch Familienfehden innerhalb der königlichen Dynastie verursacht, die den eigentlichen Grund für die Zerstörung der Hauptstadt bildeten und schließlich zum Ende des Hethitischen Großreichs führten.«
11) K. BITTEL in: (Anm. 2) 36.

Die späthethitischen Kleinstaaten

Im anatolischen Kernraum, im Halysbogen, tritt nach dem Untergang des Großreiches zunächst ein jahrhundertelanger Hiatus ein. Archäologische Befunde fehlen bis jetzt, und auch die historischen Quellen sind spärlichst. AKURGAL nimmt an, daß dieses Gebiet nur schwach besiedelt oder überhaupt im Besitz von Nomadenstämmen war, solange sich dort keine Kulturreste finden.[1]

Der autonome Teilstaat Karkamisch (heute an der syrischen Grenze gelegen) überlebt den Zusammenbruch. Im südöstlichen Anatolien und in Nordsyrien knüpft man mehr oder weniger bewußt an die hethitischen Traditionen des II. Jahrtausends an. Auch die hethitisch-luwischen Hieroglyphen und die Sprache leben in den neuen Zentren fort.[2] Doch inzwischen haben sich dort auch neue Kräfte durchgesetzt.[3]

Sehr hilfreich sind die urartäischen und assyrischen Quellen des 9. und 8. Jahrhunderts, die uns diese völlig veränderte Situation schildern. Durch sie kennen wir eine ganze Reihe dieser Kleinstaaten, die sich nach dem Fall des Reiches gebildet haben. Die Herrschaftsbereiche haben sich aufgesplittert,[4] die Staaten verbünden sich untereinander, werden wieder zu Feinden und sind doch alle von der Großmacht im Südosten, die jetzt ihre Hände nach Anatolien ausstreckt, abhängig: Das assyrische Reich ist die stärkste neue Kraft.

Schwierigkeiten haben wir bei der Chronologie und der Zuordnung von Herrschern zu ihren Reichen: Nicht nur innerhalb einer Dynastie begegnen wir denselben Namen, d.h. der Enkel wird nach dem berühmten Großvater benannt, sondern auch verschiedene Fürstenhäuser haben gleichlautende Herrscher, die sich manchmal sogar Großkönig nennen (in Tabal und Karkamisch z.B.). Sie alle wollen durch die Namensgebung ihre Verbundenheit mit der alten, großreichszeitlichen Tradition kundtun.

Die kulturell fruchtbarste Zeit der hethitischen Fürstentümer fällt in das 10. bis 8. Jahrhundert. Assyrischer bzw. aramäischer Einfluß macht sich bei fast allen Staaten geltend. Und wo nicht das semitische Element durchdringt, überwiegt der persische oder später dann der griechische Einfluß.[5])

---

1) E. AKURGAL in: Griechenland, die Ägäis und die Levante während der »Dark Ages« vom 12. bis zum 9. Jh. v.Chr., S. DEGER-JALKOTZY (ed.), Symposion Stift Zwettl 1980 (1983) 75.
2) K. BITTEL, Die Hethiter (1976) 19.
3) K. BITTEL in: (Anm. 1) 46.
4) H. OTTEN in: (Anm. 1) 49.
5) H.Th. BOSSERT, Altanatolien (1942) 68.

Sprache und Schrift

Im Alten Reich und in der Großreichszeit sind zwei grundverschiedene Schriftsysteme in Gebrauch: die akkadische (mesopotamische) Keilschrift und die hethitische Hieroglyphenschrift, eine kombinierte Wort— und Silbenschrift. Die beiden Schriften treten nur selten zusammen auf, und wenn, dann meist auf Königssiegeln.

Als Erfinder der Keilschrift zu Beginn des III. Jahrtausends gelten die Sumerer in Babylonien, die Schöpfer der mesopotamischen städtischen Hochkultur. Im hethitischen Reich wird neben der akkadischen Keilschrift, die eine Silbenschrift ist und einer nordsyrischen Variante entstammt, die hieroglyphenhethitische bzw. bild-luwische Schrift gebraucht, die auch einem Teil des Volkes verständlich ist. So wurden ursprünglich die Dinge durch ein leicht faßliches Bildzeichen (Ideogramm) bezeichnet, das dann im Laufe der Zeit auch für ähnlich lautende Wörter und für abstrakte Sachverhalte gebraucht wird.

Die Keilschrift ist in erster Linie eine Kanzleischrift, sie wird im diplomatischen und im Geschäftsverkehr gebraucht. Im Alten Orient gibt es die Zunft der Schreiber, die eine regelrechte Ausbildung absolvieren müssen.[1]) Die hethitischen Könige sind die einzigen Herrscher in diesem Raum, die die Kunst des Schreibens beherrschen. Schon als Kinder werden sie damit vertraut gemacht.

Die frühesten schriftlichen Urkunden auf kleinasiatischem Boden sind in den altassyrischen Handelsniederlassungen (= karum) gefunden worden, die meisten im karum Kanisch bei Kültepe/Kayseri. 1925 hat B. HROZNY dort Tausende von Keilschrifttafeln entdeckt, Jahrhunderte älter als die Archive von Hattuscha. Es handelt sich hierbei fast nur um Geschäftsurkunden, literarische Texte sind kaum vertreten.

Hethitisch ist die Sprache des Reichsgründers und seiner Sippe, also ursprünglich die Sprache einer Minderheit. »Die Verbreitung des Hethitischen ist also wie beim Latein ein eindeutig politischer Vorgang und muß mit ethnischen oder gar rassischen Änderungen in der Bevölkerung nichts zu tun haben.«[2]) Vom indogermanischen Charakter des Reiches bleibt wenig mehr als die Schriftsprache. »Die einzige Klammer, welche alle ethnischen, sprachlichen und kulturellen Gegensätze des Reiches zusammenhielt, war der politische Wille des Königs.«[3])

Neben der Keilschrift existiert im Hethiterreich auch die Hieroglyphenschrift, ein den Hethitern eigenes Schriftsystem, das mit den ägyptischen Hieroglyphen nichts gemein hat. Auch ihr frühestes Vorkommen fällt in die Zeit der altassyrischen Handelskontore. So kam in Kültepe eine beschriftete Tontafel zum Vorschein, die auf etwa 1800 zu datieren ist.[4])

Siegel des Tarhumuwa:
Außen Keilschrift, innen zwei identische,
gegenläufige Bilderschriften

Die Bilderschrift ist eine kombinierte Silben- und Wortschrift, die bis etwa 700 gebraucht wird, in Kommagene sogar bis in die hellenistisch-römische Zeit.[5]) Wir finden sie vor allem auf den Steindenkmälern, sowohl im Relief skulptiert als auch eingemeißelt. Viele Reliefs, die der Reichspropaganda dienen sollen, sind von einer bildluwischen Beischrift begleitet, sie war einem größeren Personenkreis bekannt. Ihre Schreibweise ist in der Regel bustrophedon.[6]) GOETZE meint, es habe den Anschein, als ob die Hieroglyphenschrift für die Sprache erfunden worden sei, die mit ihr geschrieben wurde.[7]) Sie ist »nicht nur das älteste, sondern das einzige selbständige Schriftsystem, das nicht auf semitischer Grundlage beruht.«[8])

Noch vor der Auffindung der Bilingue auf dem Karatepe (Nr. 29) sagt BOSSERT im Jahre 1932: »... wer im Ernst an die Lösbarkeit des Problems [die Entzifferung der Hieroglyphen] glaubte, konnte Gefahr laufen, wissenschaftlich nicht mehr ganz ernst genommen zu werden. In den 55 Jahren seit SAYCES erstem Entzifferungsversuch (1877) hatten 18 verschiedene Forscher die Entzifferung angestrebt, doch war es selbst hinsichtlich der allereinfachsten Fragen kaum zu einer communis opinio [Übereinstimmung] gekommen...«[9]) Doch mit der Entdeckung der Bilingue durch BOSSERT war die hieroglyphenhethitische Forschung in ihr drittes und letztes Stadium eingetreten.[10])

Damit hatte sich auch für die Hethitologen ein »Stein von Rosette«[11]) gefunden, als BOSSERT 1947 die Bilingue mit der bekannten phönikischen Buchstabenschrift einerseits und der bis dahin noch nicht entzifferten Bilderschrift andererseits entdeckt. Durch sie wird für die Entzifferung der Hieroglyphen eine feste Basis gewonnen. Bis dahin war man über bloße Vermutungen nicht hinausgekommen. Dennoch sind die Inschriften aus der Großreichszeit und auch aus der späthethitischen Epoche durch die erheblichen Veränderungen der Schrift im Laufe der Jahrhunderte noch nicht völlig verständlich.

BOSSERT schreibt 1957, daß inzwischen auch in Ugarit gefundene Siegel zum weiteren Verständnis der Schrift beigetragen haben. Man habe es jetzt »nicht mehr nötig, alle Übersetzungen entweder aus den Bilinguen zu erhärten oder aber unversucht zu lassen. Die kombinatorische Methode hat für eine Anzahl H—H Wörter wenn nicht die genaue Bedeutung, so doch den Bedeutungsbereich ermittelt. In letzter Zeit wurde mit Erfolg versucht, durch Vergleich mit anderen altkleinasiatischen Sprachen weiterzukommen.«[12])

Im Laufe der Zeit hatte sich die Schrift weiterentwickelt, die Zeichen wurden »kursiv«, d.h. vereinfacht und abgeschliffen, so daß man sie oft gar nicht mehr genau deuten kann. Die Verwitterung über die Jahrtausende hinweg hat noch ein übriges getan.

So nimmt es nicht wunder, daß ein Corpus der bildluwischen Schrift schon seit Jahren überfällig ist.[13]

Erhalten sind in der Hauptsache nur die steinernen Inschriften, doch es gibt Hinweise dafür, daß auch mit einer Art Griffel auf vergänglichem Material (mit Wachs überzogenes Holz z.B., so wie wir Schiefertafeln benutzen) geschrieben wird. Der Brand, der um 1190 Hattuscha zerstört, vernichtet auch die im Archiv der Hauptstadt aufbewahrten Holztafeln. Nur ein Teil der zu den Holztafeln gehörigen Tonsiegel, die man auch Bullen nennt, bleibt erhalten.[14] In der späthethitischen Zeit schreiben die Lokalherrscher nicht mehr auf Tontafeln, sondern verwenden nur noch die Holztafeln oder auch schon Leder als Schreibstoff.[15] Papyrus wie in Ägypten kennt man in Kleinasien nicht, und Pergament, das seinen Namen vom westanatolischen Pergamon herleitet, gibt es erst seit dem 2. Jahrhundert v.Chr.

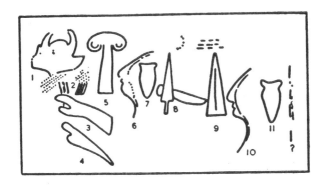

Die Beischrift von Sirkeli (nach: Güterbock, AAA 24, 67)

An GÜTERBOCKS Umzeichnung soll hier mit seinen »Bemerkungen zu der hethitischen Hieroglypheninschrift von Sirkeli« eine Kostprobe gegeben werden:[16]

Zeichen Nr. 5: Großkönig; Nr. 9: König (weil ohne Volute); Nr. 6 und 10 sind identisch (»Gesicht«), ebenso Nr. 7 und 11 (»Vase«): ihre Verbindung ist häufig belegt und nennt einen Titel; die Ligatur Nr. 8 ist ein Name, den wir schon vom Kara Dag (Nr. 9) her kennen: Murschili; Nr. 1-4 kann auch nur ein Name sein, ein Großkönigsname, den wir von einem Königssiegel her kennen: Muwatalli.

---

1) Noch heute findet man vor allem in Provinzhauptstädten Schreiber, die im Schatten des Regierungsgebäudes auf Kunden warten. Ihr wichtigstes Handwerkszeug ist eine Schreibmaschine, ein Tisch und ein Stuhl für den Kunden. So sind sie für den fachgerechten schriftlichen Umgang mit den Behörden gut gerüstet.
2) G. WALSER, Historia 7 (1956) 5 f.
3) Ebda. 8.
4) A. GOETZE, Kulturgeschichte Kleinasiens (1957) 53.
5) H.Th. BOSSERT, Orientalia NS 28 (1959) 275.

6) »So wie der Ochse pflügt«, d.h. die erste Zeile ist in der Regel linksläufig, die zweite wendet sich nach rechts, die dritte wieder nach links u.s.w.
7) A. GOETZE (Anm. 4).
8) H.Th. BOSSERT, Altanatolien (1942) 63.
9) H.Th. BOSSERT, Archiv für Orientforschung 8 (1932-33) 132.
10) H.Th. BOSSERT, Türk Tarih Kurumu Belleten 12 (1948) 523.
11) Mit seiner Hilfe entschlüsselte CHAMPOLLION 1822 die ägyptischen Hieroglyphen. Dieser Stein war auf drei Seiten verschieden beschriftet: Zwei Schriften waren bekannt, aus ihnen erschloß der Franzose die unbekannte dritte mit ägyptischen Hieroglyphen.
12) H.Th. BOSSERT, Le Muséon 70 (1957) 149.
13) J.D. HAWKINS, The Hieroglyphic Luwian Inscriptions of the Iron Age, 3 Bände, sollte bereits 1986 erscheinen.
14) H.Th. BOSSERT, Türk Tarih Kurumu Belleten 16 (1952) 9.
15) Ebda. 10.
16) H.G. GÜTERBOCK, Annals of Archaeology and Anthropology 24 (1937) 66 ff.

Die »Tausend Götter« des Reiches

Das System der hethitischen Staatsform, der Föderalismus, ist höchstwahrscheinlich der Grund dafür, daß die Hethiter zu keiner Vereinheitlichung der Göttervorstellungen kommen können und vielleicht auch wollen. Es ist ihnen mit außergewöhnlicher Geschicklichkeit und Anpassungsfähigkeit, die eine selbstsichere Toleranz und einen Sinn für die realen Gegebenheiten voraussetzen, gelungen, zahlreiche Völkerschaften mit verschiedenen Kulturen, Sprachen und Gebräuchen fünf Jahrhunderte lang in einem festen Staatenbund zu regieren.

Unter diesen Voraussetzungen - Toleranz und Realismus - gedeiht das religiöse Leben in der Großreichszeit in der extremen Form des Polytheismus (wie im römischen Anatolien der Kaiserzeit). Die hethitischen Götter tauchen u.a. in den Schwurgötterlisten der Staatsverträge auf, bei überlieferten Festritualen und Bildbeschreibungstexten.

Auch wenn man bedenkt, daß es verschiedene lokale Spielarten desselben Göttertyps gibt, muß man zu der Überzeugung kommen, daß im hethitischen Götterhimmel ein chaotisches Gedrängel herrscht. Die alten Texte sprechen ja auch von den »Tausend Göttern« des Reiches, wobei diese Zahl gewiß nicht übertrieben hoch ist. »In dem verwirrenden Bilde spiegelt sich die abwechslungsreiche Geschichte wider, die Kleinasien schon in der Hethiterzeit hatte. Zwar war es damals politisch geeint, aber die Zentralisierung der inneren Macht war noch nicht alt, und vor allem noch nicht intensiv genug, um auch auf religiösen Gebiete zu einer Vereinheitlichung der Göttervorstellungen und damit auch zu einem Zusammenlegen der Kulte zu führen. Die Götter des politischen Mittelpunkts haben die Götter der Außengebiete und der Vasallenstaaten noch längst nicht aufgesaugt.«[1])

Zu den wichtigen Aufgaben der Menschen zählt die »tägliche Wartung«[2]) der Götter. Sie müssen gewaschen, gekleidet, gespeist (Brotopfer) und getränkt (Libationen) werden. Gelegentlich werden sie aus dem Heiligtum herausgebracht, im Freien durch Spiele unterhalten und anschließend wieder zurückgetragen. Diese Unterhaltung der Götter besteht vornehmlich aus Kriegsspielen, vermutlich so, wie wir früher als Kinder »Räuber und Gendarm« gespielt haben.

Zum Dank für die gute Behandlung müssen sich die Götter dem Menschen auch erkenntlich zeigen und seine Gebete erhören. Zudem liegt es doch im ureigenen Interesse der Götter, es den Menschen gut gehen zu lassen: nur dann sind diese in der Lage, ihre Pflichten den Göttern gegenüber zu erfüllen. Die Götter sind ins Große übertragene Menschen mit all ihren Schwächen und Vorzügen, doch stehen sie jenseits von Leben und Tod.

Die wichtigste Gottheit der Hethiter ist die Sonnengöttin von Arinna, die hurritische Hepat. Sie ist die Gemahlin des Wettergottes Teschup und spielt im Kult eine große Rolle. Scharruma ist beider Sohn.[3] Die Verehrung einer weiblichen Hauptgottheit läßt sich in Anatolien bis ins Neolithikum zurückverfolgen.[4] Der Wettergott Teschup läßt sich auch Tarhu(nt) lesen, er hat eine enge Beziehung zum Stier, der auf Darstellungen sowohl als Attribut als auch als Substitut auftreten kann.[5]

---

1) A. GOETZE, Kulturgeschichte Kleinasiens^2 (1957) 132.
2) Ebda. 162.
3) M. KALAÇ, Orientalia 34 (1965) 401 ff.
4) E. AKURGAL, Die Kunst der Hethiter (1961) 49 f.
5) Teschup wird auf dem Stier stehend abgebildet: der Stier ist dann Attribut; nur der Stier wird abgebildet: der Stier steht für Teschup, er ist Substitut.

Die hethitischen Felsreliefs in Anatolien

Die Kunst der hethitischen Großreichszeit geht ihre eigenen Wege, obwohl sich im hethitischen Kerngebiet sowohl hurritische als auch ägyptische Einflüsse feststellen lassen. Sie bedient sich einer völlig neuen Formensprache. Betrachten wir den Inhalt ihrer Darstellungen, so erkennen wir, daß sie die Dienerin der Religion ist. Profane Bildwerke fehlen völlig, da der Mensch nur als Verehrer der Gottheit eine Berechtigung hat.[1]

Kein anderes Volk des Alten Orients hat eine gleich ursprüngliche Neigung zur Stein- und Felsbearbeitung aufzuweisen wie die Hethiter. Reliefs an solchen Felstellen zu meißeln, die sich aus sakralen oder politischen Ursachen dafür anboten, ist in Vorderasien hier und dort schon aus früheren Zeiten bekannt. Die hethitischen Reliefs hatten jedoch weder im eigenen Land noch in der weiteren Umgebung Vorläufer.

Die Hethiter glätten nicht nur die natürlichen senkrechten Felsflächen und schmücken sie mit kultischen Darstellungen in erhöhtem Relief, sondern es gelingen ihnen auch fast unglaubliche Leistungen beim Transport von bis zu 30 t schweren Monolithen wie z.B. der Stele von *Fasillar (Nr. 7)*.

Die ältesten uns bekannten Großplastiken der Hethiter sind die Skulpturen der drei Stadttore von *Hattuscha*; die Löwen und der Kriegsgott sind noch in situ. Diese Torskulpturen sind eine Gruppe für sich; sie sind die einzigen uns erhaltenen großen Rundbilder der Hethiter und dürften wohl alle aus einer Werkstatt stammen.[2]

Die älteste, durch die Beischrift datierte figürliche Darstellung stammt aus der Zeit des Großkönigs Muwatalli (1306-1282), es ist das Relief bei *Sirkeli (Nr. 31)*. Die zweitälteste, auch wieder datierte Abbildung ist das Felsmonument bei Fraktin (Nr. 20), das Hattuschili III. (1275-1250) und seine Gemahlin Puduhepa darstellt.

Die Felsensskulpturen der Großreichszeit nehmen in der vorderasiatischen Kunst eine Sonderstellung ein. Sie sind »bildnerisch von einer inneren Gespanntheit und kraftvollen Bewegung, die ihnen eine ganz besondere Note verleiht. Eine große Kunst ist hier im Entstehen.« Jedoch sind diese Ansätze durch den Untergang des Großreiches vernichtet worden.[3])

Die Tradition wird in der hethitischen Spätzeit ebenso wie z.T. im phrygischen und urartäischen Bereich fortgesetzt. »Bis in die hellenistisch-römische Epoche hinein beweist sie in den skulpierten Grabfassaden ihre Lebenskraft und gelangt erst in byzantinischer Zeit langsam zum Absterben.«[4])

»Es wäre völlig abwegig, die Kunst der hethitischen Kleinfürstentümer von der des Großreiches zu trennen. Die Kunst der hethitischen Spätzeit ist die unmittelbare Fortsetzung der Kunst des Großreiches in jeder Beziehung. Überall wird auch versucht, an die künstlerische Tradition des Großreiches anzuknüpfen. Dieser Anschluß ergab sich von selbst, denn das Volk, seine Sprache, seine Schrift, seine Kulte und Gottheiten waren dieselben geblieben.«[5])

Was wird auf den Reliefs dargestellt?

Heute weiß man, daß die großen Felsmonumente im wesentlichen in der Großreichszeit, genauer gesagt im 13. Jahrhundert entstanden sind. Ausnahmen sind z.B. *Ivriz*, *Karatepe* und *Yesemek*, die, jedes für sich, eine Sonderstellung einnehmen. Sie sind erst nach dem Niedergang des Großreichs und seiner Hauptstadt Hattuscha entstanden, in jener Zeit also, als im Südosten des ehemaligen Reiches die sogenannten späthethitischen Kleinstaaten bis ins 8. Jahrhundert hinein überlebten.

In den meisten Fällen werden die Herrscher dargestellt, wie sie der Gottheit die ihr gebührende Reverenz erweisen, durch »Anbetung« (Adoration) und Trankopfer (Libation). Der Bund des Herrschers mit der Gottheit, die ihn schützt und die ihm Kraft spendet, gibt ihm seine Macht und die hervorragende Stellung, was durch die Größe des Bildes veranschaulicht werden soll. Alle Werke der hethitischen Reliefkunst bilden dem Gehalt nach eine große verschwisterte Familie.[6])

Götter tragen als hervorstechendstes Merkmal die Hörnermütze, die auf mesopotamische Vorbilder zurückgeht. Die Hörner sind sozusagen das Rangabzeichen der hethitischen Götter. Der Wettergott des Himmels z.B. trägt eine Spitzmütze mit je sechs Hörnern an der Vorder- und Hinterkante. Scharruma trägt in *Yazilikaya (Nr. 18b)* sowohl in der Hauptszene als auch in der Umarmungsdarstellung mit Tuthalija eine Mütze mit sechs übereinander angeordneten Hörnern. Könige können nur dann Hörner tragen, wenn sie als Verstorbene vergöttlicht abgebildet sind.[7])

Götter stehen in der Regel auf dem Rücken ihrer heiligen Tiere, wie z.B. in *Hanyeri (Nr. 23)* oder *Yazilikaya (Nr. 18b)*. Die Tiere, ursprünglich selbst Gegenstand der Verehrung, werden nun zu ständigen Begleitern der Götter, die in menschlicher Gestalt dargestellt sind. Berggötter tragen eine Zipfelmütze, die nach vorn überhängt.

Könige haben stets eine kalottenförmige Kopfbedeckung auf, wie z.B. in *Alaca Hüyük (Nr. 19)* oder *Yazilikaya (Nr. 18b)*. Sie sind mit demselben kurzen Schurzrock bekleidet wie Götter. Als Zeichen ihrer Würde tragen sie den Lituus (heth.: Kalmusch), jenen langen, am unteren Ende eingerollten Stab, wie in *Sirkeli (Nr. 31)*.

Aus Keilschriftentexten ist bekannt, daß der hethitische König sich selbst »meine Sonne« nennt. So sind die Flügelsonnen in den Königskartuschen oder auf den Köpfen der Königsreliefs »das bildmäßige Zeichen der königlichen Titulatur«.[8]) Einen thronenden Herrscher finden wir in der Regel erst in späthethitischer Zeit im aramäischen und phönizischen Bereich.

Die Tradition der Reliefs im hethitischen Großreich wird in der Spätzeit fortgesetzt, ebenso wie im phrygischen Bereich bis hin in die griechisch-römische Epoche. »In den skulpierten Grabfassaden [beweist sie] ihre Lebenskraft und gelangt erst in byzantinischer Zeit langsam zum Absterben.«[9])

Ein Kapitel für sich bilden die Hieroglypheninschriften der Spätzeit. Wir finden sie sowohl im Relief stehend als auch eingeritzt. Manchmal erwecken sie den Eindruck, als seien sie spontan und unter Zeitdruck entstanden (*Suvasa, Nr. 15*), manchmal sieht es aus, als hätten sich Auftraggeber und Ausführende(r) Zeit lassen können (*Karapinar, Nr. 14*). Sie umfassen einen viel größeren Zeitraum als die der Großreichszeit, so daß sich die »Orthographie« viel stärker verändern konnte. So nimmt es nicht wunder, daß sie dem Kundigen auch heute noch viele

Rätsel aufgibt, aller Bilinguen zum Trotz (vgl. dazu auch das Kapitel »Sprache und Schrift«).

Das Konzept der hethitischen Bildhauer

»Studiert man die ikonographischen und stilistischen Details des gesamten hethitischen Bildmaterials, wird man feststellen, daß die Bildner nach festen Formeln und Vorschriften arbeiteten. [...] Diese Einheitlichkeit des Stils besagt, daß die Bildkunst der Hethiter, so wie wir sie aus der Großreichszeit kennen, eine einmalige Schöpfung einiger weniger Werkstätten ist und eine verhältnismäßig kleine Zeitspanne umfaßt.«[10]) Erst in der späthethitischen Zeit gibt es viele nebeneinander herlaufende Stile.

Bei manchen Reliefs hat man den Eindruck, als seien sie nach Lust und Laune konzipiert, spontan in Angriff genommen und ebenso unüberlegt wieder ihrem Schicksal überlassen worden wie z.B. in *Fasillar (Nr. 7)* oder *Fraktin (Nr. 20)*. Hier handelt es sich doch nicht um Zwergstaaten, die ebenso rasch wieder untergingen wie sie aufblühten, sondern um das Großreich und den Großkönig, die dahinter standen. Die Kontinuität für die in Frage stehende Epoche blieb doch gewahrt.

Wie dieser Mangel an Zielstrebigkeit mit dem Selbstverständnis der Landesfürsten und des Großkönigs in Einklang zu bringen ist, bleibt ein Rätsel. Freilich, für die Ewigkeit sollten mit Sicherheit keine Denkmäler oder Siegesstelen gesetzt werden. Dennoch hätte man ein planmäßigeres und umsichtigeres Vorgehen erwarten können, schließlich waren doch hier Künstler und Handwerker beschäftigt, die ihr Metier verstanden!

Wo befinden sich die Reliefs?

Daß einige Reliefs an Orten stehen, die eine direkte, augenfällige Verbindung zum fließenden Wasser haben (*Eflatun Pinar, Hemite, Sirkeli* und *Karakuyu*, um nur ein paar zu nennen), trifft durchaus zu. Doch scheint die Nähe des Wassers nicht die unabdingbare Bedingung für die Schaffung eines Reliefs zu sein, denken wir doch nur an *Imamkulu*. Da in der bloßen Steppe kein Monument existiert, liegt die Gefahr nahe, bei jedem Relief Wasser suchen zu müssen und finden zu wollen. Es gibt keinen zwingenden Grund, alle Monumente unter dem Aspekt des Quell- oder ganz allgemein Wasserkultes zu sehen.

Das einzige, was sie alle gemeinsam haben, ist der Fels als Grundlage. Er spielt wohl die wichtigste Rolle, nämlich als geheimnisvoller und mit fast magischen Kräften ausgestatteter Ort, der auf den lokalen Herrscher oder Großkönig als Stifter und vielleicht auch auf den Künstler selbst eine starke Anziehungskraft ausübte. »Welche Felsgruppe sie besaß, welche nicht, entzieht sich heute unserem Urteil. Es scheint mir mehr als wahrscheinlich zu sein, daß dabei der Wille eines Großkönigs, der nach sichtbarer Verewigung eben an einer Erscheinung der Natur von immerwährender Dauer strebte, den eigentlichen Antrieb gebildet hat.«[11])

Zwei Reliefs liegen an Gebirgspässen (*Karabel* und *Hanyeri*), zwei weitere an günstigen Furten über den Ceyhan (*Hemite* und *Sirkeli*) und abermals zwei an kleineren Fluß- bzw. Bachübergängen (*Tasci* und *Fraktin*). »In all diesen Fällen macht es den Eindruck, als sei die Verkehrslage, nicht postulierte Heiligkeit des Wassers schlechthin, für die Anbringung der Bilder ausschlaggebend gewesen, weshalb ihnen die Bezeichnung Wegemarken zukommt.«[12])

Nachdem drei dieser Wegemarken, *Fraktin*, *Tasci* und *Hanyeri*, jeweils eine halbe Tagesreise voneinander entfernt sind, u.U. kann auch *Imamkulu* dazugerechnet werden, glaubt J. BÖRKER-KLÄHN ein System nicht von der Hand weisen zu können, wenn noch weitere Monumente in derselben Distanz gefunden werden. »Systematik könnte jedoch im selben Maße vorliegen wie der Bau von Karawanserays, Brunnen und ähnlich markanten Stationen durch verschiedene Sultane und Private an den Wegen des osmanischen Reiches planmäßig genannt werden kann. Das heißt: Derartige Stiftungen erfolgten an Haltepunkten des Verkehrs, dort wo man ihrer bedurfte bzw. - wie im Falle der hethitischen Felsreliefs - dort wo man sich ihnen widmen konnte.«

Betrachten wir den Inhalt der Darstellungen, so müssen wir den Gedanken, die Reliefs seien primär als Orientierungshilfen für die Reisenden geschaffen worden, zurückweisen. Zu Wegweisern entwickelten sie sich zwangsläufig erst einige Zeit nach der Fertigstellung.

Es liegt sehr nahe, die Bilder unter dem Aspekt der augenblicklichen Publikumswirksamkeit zu sehen. Die Mehrzahl der Reliefs ist sowohl aus machtpolitischen Gründen als auch aus religiösen bzw. kultischen Erwägungen heraus entstanden. Keine Darstellung befindet sich im Kernland der Hethiter, dem Kizilirmak-Bogen, mit Ausnahme derer von *Yazilikaya* und *Hattuscha*. Alle anderen stammen aus der Peripherie, was die These von einer »Machtdemonstration« nur erhärtet. Publikumswirksame Reklame ist auch zu jener Zeit gefragt!

---

1) A. MOORTGAT, Bildwerk und Volkstum Vorderasiens zur Hethiterzeit (1934) 18.
2) E. AKURGAL, Die Kunst der Hethiter (1961) 77.
3) A. GOETZE, Kulturgeschichte Kleinasiens² (1957) 177 f.
4) H.Th. BOSSERT, Altanatolien (1942) 57.
5) Ebda. 62.
6) A. MOORTGAT (Anm. 1) 20.
7) E. AKURGAL (Anm. 2) 79 ff.
8) Ebda. 81.
9) H.Th. BOSSERT (Anm. 4)
10) E. AKURGAL (Anm. 2) 78.
11) K. BITTEL, Die Hethiter (1976) 195. Die »immerwährende Dauer« an die »sichtbare Verehrung« zu knüpfen, halte ich nicht für gegeben. Die magische Kraft, die der Fels ohnehin schon besitzt, wird durch das Relief verstärkt und wohnt ihm weiter inne, auch wenn die Darstellung nicht mehr sichtbar ist. Wie sonst läßt sich ungeeigneter Untergrund erklären?
12) J. BÖRKER-KLÄHN, Altvorderasiatische Bildstelen und vergleichbare Felsreliefs, Baghdader Forschungen 4 (1982) 104 § 322.

(1) »Niobe« oder Berggott am Sipylos bei Akpinar?

Das nahezu vollplastische Relief von »colossalen Dimensionen«[1]) befindet sich sechs Kilometer südöstlich von Manisa an der Straße nach Turgutlu. 4,5 km ab Ortsausgang Manisa taucht auf der rechten Seite ein eingezäuntes Gelände mit einem meist bewachten Tor auf. Als wir dem Wächter von unserem Vorhaben berichten, läßt er uns passieren und wir sehen vor uns einen Teich und ein Wasserwerk.[2])

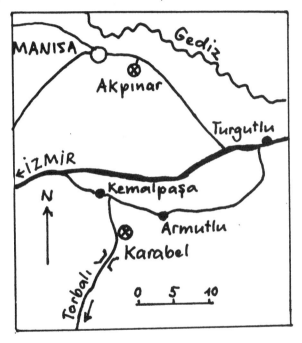

Am Fuße des Sipylos-Berges steht ein verrostetes, ehedem gelbes Schild mit der Überschrift »Kyble« und ein paar Zeilen Text,[3]) die uns eine laienhafte Vorstellung von dem geben wollen, was wir schon von weitem in etwa halber Höhe des Berges gesehen haben: Eine riesige Gestalt in einer Nische blickt über die weite, fruchtbare Gediz—Ebene.

39

Der antike Autor PAUSANIAS erwähnt an zwei verschiedenen Textstellen sowohl »eine versteinerte trauernde Niobe«[4] als auch die »allerälteste Bildsäule der Göttermutter [...] im Lande der Magneten, die auf der Nordseite des Sipylos wohnen.«[5] Beide wurden häufig miteinander verwechselt. Bei der ersten Schilderung wird es sich wohl um eine natürliche Felsformation am Sipylos handeln, die letztere dürfte mit dem Sitzbild identisch sein. Auch von einer Sinnestäuschung wird berichtet; das läßt sich vielleicht damit erklären, daß man von der »Großen Göttin« gelesen hatte und sich nun dem natürlichen Felsen gegenüber sah (oder umgekehrt).

E. CHISHULL bemerkte bereits 1699 hier »einen gewissen Felsabhang mit einer genau sichtbaren Nische und einem Bild, das die gehörige Form und Proportion eines menschlichen Körpers hatte.«[6] K.B. STARK kennt die Reliefs von Yazilikaya und Alaca Hüyük und hält 1863 das »Niobebild [...] als ein unter dem Einflusse der kleinasiatischen Völker, weiterhin auch der oberasiatischen Technik entstandenes [Relief]«[7] Von einer griechischen Entstehung kann also keine Rede sein, auch wenn sich die griechische Sage später um das Felsbild rankt.

Nach herkömmlicher Betrachtungsweise sitzt in zwei ineinander gesetzten Nischen eine Figur auf einem Thron. Die äußere Nische hat eine in etwa rechteckige Form und mißt 7,5 m in der Höhe und 4,4 m in der unteren Breite. Die innere Nische birgt die Seitenlehnen des Thrones, den Oberkörper und den Kopf der Figur. Hände und Unterarme liegen auf den Oberschenkeln auf. Für K. KOHLMEYER befindet sich die riesige Gestalt auf einem Felsstück, das ihn stark an stilisierte hethitische Bergdarstellungen erinnert.[8]

BITTEL sieht 1950 eine Art »Große Mutter«, der Kybele ähnlich.[9] »Die große Göttin von Manisa« zähle zu den Beispielen »von so hohem Relief [...], daß von ihnen nur noch ein Schritt zur Vollplastik ist.«[10]

Auf dem Kopf trägt sie lt. AKURGAL[11] eine Mauerkrone wie die Göttinnen von *Yazilikaya (Nr. 18b)*, man könne noch den Rest der Längsstege über dem linken Ohr erkennen. Schon der preußische Konsul SPIEGELTHAL aus Smyrna (heute Izmir)

Göttin oder Berggott bei Akpinar/Manisa

schrieb 1852 in sein Reisetagebuch[12]), daß die »sitzende weibliche Figur auf einem Thron und Postament darunter, auf dem Kopf eine Krone oder Binde« getragen habe.

G. BEAN hält das Relief zweifellos für die Darstellung einer weiblichen Gottheit, wahrscheinlich die Muttergöttin, die die Griechen später unter dem Namen »Kybele« verehrten.[13]) Wahrscheinlich befand sich am Fuß des Sipylos in hellenistischer Zeit ein Heiligtum. Durch die antike Erwähnung des Sitzbildes wurden die Besucher angeregt, in ihm eine weibliche Gottheit in der Art der Kybele zu sehen.[14])

Für AKURGAL ist die »Göttermutter am Sipylos« ein Beispiel für den großreichszeitlichen Stil, der im gesamten Reich herrschte. Hier würden sich die gleichen ikonographischen Einzelheiten wie bei den Reliefs von *Karabel (Nr. 2), Fraktin (Nr. 20), Sirkeli (Nr. 31), Gavurkale (Nr. 4)* und *Yazilikaya (Nr. 18b)* zeigen.[15])

Eine ganz andere Interpretation der Figur bietet 1983 Peter Z. SPANOS:[16]) Er hält die Kopfbedeckung für eine Hörnerkrone männlicher Götter; der leicht vorgeneigte Kopf sei mit einem Bart versehen. Im übrigen würde die vermeintliche »Göttin« nicht sitzen sondern stehen. Der kegelförmige Unterleib sei als Berg wiedergegeben. »Das Felsdenkmal [...] entspricht daher in seiner Haltung und Kopfbedeckung der Statuette eines Berggottes, die in der hethitischen Hauptstadt Bogazköy/Hattuscha gefunden wurde.«

Auch Kay KOHLMEYER hat sich den Kopf der Figur genauer angesehen und dabei festgestellt, daß vom Kinn »eine Masse mit fast vertikaler Seitenbegrenzung« herabhängt. »Wegen der Länge dieser weit vorstoßenden Partie, die von vorn völlig amorph erscheint, ... ist keine andere Deutung als der Rest eines Kinnbartes möglich,«[17]) infolgedessen ist für ihn die Figur männlich.[18]) BITTEL, BOSSERT[19]) und AKURGAL sehen hingegen einen Polos als Kopfbedeckung und schließen daraus, daß die Figur eine Göttin sei.

Warum das Relief zu verschiedenen Zeiten unterschiedlich interpretiert wurde, ist klar: Vor rund 100 Jahren wußte man kaum etwas Genaueres über die Hethiter, griechische Historiker

Zeichnung der »Niobe« (nach: ILN 118, 1880)

und die Bibel waren die hauptsächlichen Quellen. Über ihre eigenständige Kunst war noch so gut wie nichts bekannt.

K. KOHLMEYER nennt aber auch den Grund für die irrtümlichen Beschreibungen der Skulptur: Sie seien »durch die Perspektive vom Fußpunkt her« entstanden, so »die angeblich typisch hethitische Kopfbedeckung und die Bestimmung als weiblich Thronende.« Die Skulptur »als Arbeit vorperspektivischer Zeit verlangt ein geradansichtiges Beschauen, auch wenn sich diese Perspektive für den Betrachter nahezu ausschließt,«[20]) hinzu kommt noch, daß der Erhaltungszustand nicht der beste ist.

Außerhalb des Reliefs, rechts oben, befindet sich in einer nahezu quadratischen Fläche eine Beischrift aus fünf Zeichen, in der wahrscheinlich ein Königssohn genannt ist. Um diese Schrift besser betrachten zu können, versucht H.Th. BOSSERT von zwei Seiten aus, an sie heranzukommen, da ein Fernglas die Lesung kaum erleichtert. Zunächst bindet er zwei aus Manisa mitgebrachte Leitern zusammen, wobei ihm »einige befriedigende Aufnahmen« gelingen. Dann läßt er sich mit einem von ein paar Männern gehaltenen Seil herab, doch das Seil dreht sich, und es gelingen ihm keine Aufnahmen.[21])

Eine zweite, eingeritzte Beischrift gibt es in Schoßhöhe der Figur, etwa 3 m rechts von ihr. In ihr wird ein hoher Beamter, evtl. ein Eunuch genannt. Sie könnte später hinzugefügt worden sein, im Gegensatz zu Beischrift I, die höchstwahrscheinlich gleichzeitig mit dem Relief entstanden ist.

Die Frage nach der Datierung ist oben von den Archäologen BITTEL und AKURGAL im großen und ganzen schon beantwortet worden: Die Skulptur stammt aller Wahrscheinlichkeit nach aus der Großreichszeit. Es scheint aber nicht möglich zu sein, die Gottheit eindeutig zu identifizieren. Der stilisierte Berg könnte auf einen Wettergott hinweisen, auch der Fruchtbarkeitsaspekt, sonst in der Regel Göttinnen zugeschrieben, ist auch auf ihn anwendbar. Auch die beiden Quellteiche zu Füßen der Skulptur ließen sich gut mit ihm verbinden.[22])

1) G. HIRSCHFELD, Abhandlungen der Königlichen Akademie der Wissenschaften zu Berlin 1886 (1887) 12.
2) Im Sommer 1987 war das Gelände eine große Baustelle. Hier soll ein Park mit einem kleinen Zoo entstehen, sagte man uns. Sehr zutrauliche Dromedare gab es auf jeden Fall schon.
3) Sinngemäß: Es handelt sich hier um ein anatolisches Märchen; die »Kyble« (=Kybele) ist das Symbol einer matriarchalischen Gesellschaft, sie ist die Mutter aller Götter und die Göttin der Fruchtbarkeit und wurde von Hethitern, Lydern, Römern und den alten Griechen als Heilige verehrt.
4) Pausanias I 21.
5) Pausanias III 22. Er meint die Bewohner der Gegend um die heutige Stadt Manisa, dem antiken Magnesia.
6) E. CHISHULL, zitiert nach K.B. STARK (Anm. 7) 100.
7) K.B. STARK, Niobe und die Niobiden in ihrer literarischen, künstlerischen und mythologischen Bedeutung (1863) 105 f.
8) K. KOHLMEYER, Acta praehistorica et archaeologica 15 (1983) 29.
9) K. BITTEL, Grundzüge der Vor- und Frühgeschichte Kleinasiens (1950) 67.
10) K. BITTEL, Die Hethiter (1976) 234.
11) E. AKURGAL, Späthethitische Bildkunst (1949) 11.
12) Zitiert nach: K.B. STARK (Anm. 7) 101 Anm. 2.
13) G. BEAN, Kleinasien I, (1983) 50.
14) K. KOHLMEYER (Anm. 8) 29.
15) E. AKURGAL Die Kunst der Hethiter (1961) 83.
16) P.Z. SPANOS, in: Beiträge zur Altertumskunde Kleinasiens, Festschrift BITTEL, H. HAUPTMANN (ed.) (1983) 482.
17) K. KOHLMEYER (Anm. 8) 31.
18) Sowohl K. KOHLMEYER als auch P.Z. SPANOS halten 1983 die Figur für männlich; ich kann hier nicht entscheiden, wer von beiden als erster auf diesen Gedanken kam.
19) H.Th. BOSSERT, Altanatolien (1942) 58.
20) K. KOHLMEYER (Anm. 8) 30.
21) H.Th. BOSSERT, Orientalia 23 Nova Series (1954) 145.
22) K. KOHLMEYER (Anm. 8) 34.

(2) Der Krieger am Karabel

Dieses Relief und das am Sipylos, die sogenannte »Niobe« bei *Akpinar (Nr. 1)*, sind die beiden am weitesten nach Westen vorgeschobenen hethitischen Felsbilder, die wir kennen. Das großreichszeitliche Relief am Karabel liegt 28 km östlich Izmir, 8 km südlich von Kemalpasa, vor einem niedrigen Paß zwischen den Einzugsbereichen der Flüsse Küçük Menderes und Gediz. Es ist sehr gut erhalten und zeigt eine männliche Gestalt mit Bogen und Lanze.

Kommt man von Izmir, so nimmt man die Ausfallstraße in Richtung Ankara bis zur Abzweigung Kemalpasa, biegt rechts ab, fährt durch Kemalpasa hindurch und biegt am Ortsende bei einem gekachelten Brunnen[1] wiederum rechts in Richtung Torbali ab. Nach 6 km Fahrt in südlicher Richtung passiert man einen Torbogen[2], der an den Neubau der Straße 1927 erinnern soll[3] und parkt nach ca. 100 m auf einem Parkplatz auf der linken Straßenseite.

Wenn Sie von Süden, aus der Richtung Selçuk kommen, fahren Sie hinter Torbali rechts ab in Richtung Ankara nach Kemalpasa (laut Wegweiser 31 km). Nach 23 km taucht wieder der Torbogen auf, und Sie halten rechts davor. Ein schmaler Fußweg, anfangs mit Stufen, führt zum Relief auf halber Höhe der schrägen, natürlichen Felswand[4], etwa 35 m über der Talsohle.

In einer rechteckigen Nische (ca. 1,80 x 2,30 m) befindet sich eine nach rechts gewandte männliche Gestalt. In der Linken hält sie eine Lanze, über der rechten Schulter trägt sie einen Bogen. Ein Schwertgriff ist im Ansatz zu sehen. Bekleidet ist sie mit einer hohen Spitzmütze mit Horn, einem Schurzrock und Schnabelschuhen. In der rechten oberen Ecke sind drei Zeilen einer Hieroglyphenbeischrift zu sehen, die HIRSCHFELD vor über 100 Jahren »durch ihre Umrahmung äußerlich an die ägyptischen Namensschilder, Cartouchen,« erinnerten.[5]

HERODOT, der griechische Geschichtsschreiber (485-420) aus Karien, beschreibt das Relief mit Ausnahme der Inschrift recht treffend,[6] obwohl er es nie mit eigenen Augen gesehen hat. Er versteht es als Darstellung des kriegerischen ägyptischen

Königs, den er Sesostris nennt. Diese völlige Unkenntnis der Griechen über die Welt der Hethiter spricht für den totalen Abbruch der hethitischen Tradition in dieser Region und zu jener Zeit. Es ist bezeichnend, daß HERODOT die typisch hethitische Bewaffnung - Lanze und Bogen - und Bekleidung - Schurzrock und Spitzmütze - für »ägyptisch« oder gar »äthiopisch« und die Hieroglyphenbeischrift für »ägyptische heilige Buchstaben« hält.[7])

In der Neuzeit wurde das Relief 1839 von zwei Forschungsreisenden, BURGON und RENOUARD, wiederentdeckt; sie berichten jedoch darüber erst Jahre später bei ihrer Rückkehr nach England.[8]) Es gibt jedoch Anzeichen dafür, daß es schon vorher bekannt war. So soll MACFARLAN durch einen Griechen 1824 davon erfahren haben, und schon vor 1814 soll der Engländer CAPLAN in Smyrna von ihm gehört haben.[9]) Kurzum, die Wiederauffindung des Reliefs »bildet ein nicht uninteressantes Kapitel smyrniotisch−fränkischer Geschichte des 19. Jahrhunderts«.[10])

Einige Monate nach der Entdeckung durch BURGON und RENOUARD lokalisiert G. von ECKENBRECHER erneut das Relief, und im selben Jahr legt Charles TEXIER den führenden Gelehrten in der Französischen Akademie eine Zeichnung[11]) vor. Diese sehen ebenso wie ihre Kollegen in der Königlich Preußischen Akademie der Wissenschaften zu Berlin, denen LEPSIUS ein Jahr später darüber berichtet, in dem Bild eine Darstellung des Ramses oder Sesostris, dem Herrscher über Ägypten.

So plausibel diese Deutung auf den ersten Blick auch erscheint, bleibt sie doch nicht lange unwidersprochen. Eine zweite Zeichnung mit genaueren Maßen, 1842 von H. KIEPERT angefertigt, zeigt den grundlegenden Unterschied zwischen der Gestalt am Karabel und den Darstellungen der Ägyptischen Kunst jener Epoche. Der Meinungsumschwung gipfelt schließlich in ROSELLINIS Behauptung, der Krieger sei eine Schöpfung aus römischer Zeit und nach HERODOTS Beschreibung geschaffen.[12])

Einer »zeitweis Asien überflutenden Macht«, nämlich den Kimmeriern oder Skythen, glaubt F.B. STARK[13]) den

Der Krieger am Karabel (nach: Texier, Description Tf. 132)

»schreitenden Mann in asiatischer Tracht mit hoher gerader Tiara« eher zuschreiben zu können als »der assyrischen Dynastie von Lydien«. Die Kartusche bezeichnet er als »ungeschickt gebildeten Namensring«, der an eine ägyptische Sitte erinnere.

Der dargestellte Krieger ist Lokalfürst oder König; das Horn an seiner Mütze ist kein Beweis für seine Gottheit: In *Fraktin (Nr. 20)* tritt der Großkönig Hattuschili III. in ähnlicher Tracht auf.[14]) Kurt BITTEL findet 1940 weitgehende Übereinstimmung zwischen dieser Darstellung und dem Prinzenrelief in *Hanyeri (Nr. 23)*, auch wenn dort an die Stelle der Spitzmütze die halbrunde tritt.[15]) Ekrem AKURGAL sieht 1961 in der Beischrift die Namenskartusche von Tuthalija IV. (1250-1220) und weist das Relief dieser Zeit zu.[16]) Es sei ein Zeichen für seinen erfolgreichen Feldzug nach dem Westen. Für K. BITTEL ist dagegen der Name des Königs unbekannt, es dürfte sich bei ihm um einen lokalen Herrscher handeln.[17]) Kay KOHLMEYER, der alle Lesungsvorschläge ausführlich diskutiert hat,[18]) verneint eine Zuweisung der Inschriften an einen bestimmten Herrscher, glaubt jedoch vom Inschriftentypus auf das 13. Jahrhundert schließen zu können.[19])

Bisher war immer nur von einem Relief die Rede; in der Fachliteratur, aber auch schon bei HERODOT existieren neben diesem Relief Karabel A auch noch das fragmentarisch erhaltene Felsbild Karabel B und darüber hinaus die Inschriften Karabel C1 und C2. Relief B wurde 1875 von Carl HUMANN entdeckt,[20]) die beiden Inschriften 1940 von H.G. GÜTERBOCK. Dieser ist es auch, der schon 1967 darauf hingewiesen hat, daß B und C in Gefahr seien, einer eventuellen Straßenverbreiterung zum Opfer zu fallen.[21]) Und so ist es wohl auch geschehen.[22])

Die Straße ist nicht nur verbreitert, sondern auch verlegt worden, wie BITTELS Skizze[23]) von 1939 zeigt. Sie führt heute nicht mehr über die schmale, noch vorhandene Brücke über den kleinen Fluß, sondern verläuft jetzt parallel zum Wasser der Ostseite entlang und folgt wieder der alten Wegführung, wie man Carl HUMANNS Zeichnung[24]) aus dem Jahre 1875 entnehmen kann.

Das Relief am Berg blickt in Richtung auf den Paß, es liegt an einer Engstelle über dem Bach, dadurch verfügt es über

Qualitäten, die den »Ort am ehesten als Beschwörungsplatz« erklären. Die Bedeutung »läßt sich als Form der Repräsentanz eines Herrschers an einerseits einem vermutlich kultisch genutzten Ort, andererseits einem geographisch (und strategisch) exponierten Punkt erklären.«[25])

1) Dieser Brunnen und der Torbogen gehören offensichtlich zusammen; der Anlaß für ihre Errichtung dürfte derselbe sein, nämlich der Neubau der Straße, BITTEL (Anm. 3).

2) G. BEAN sagt, der Bogen sei aus Beton: Kleinasien I, 52. Ich habe an ein paar Beschädigungen gesehen, daß er gemauert und gekachelt ist. Im oberen Teil trägt er eine arabische Inschrift mit der Jahreszahl 1925, kurz bevor die Lateinschrift in der Türkischen Republik eingeführt wurde.

3) K. BITTEL, Archiv für Orientforschung XIII (1939-41) 188 Anm. 15.

4) In der 1. Auflage glaubte ich noch an eine künstliche Glättung, bin aber durch nochmaligen genauen Augenschein und K. KOHLMEYER, Acta praehistorica et archaeologica 15 (1983) 15 eines besseren belehrt worden.

5) G. HIRSCHFELD, Abhandlungen der Königlichen Akademie der Wissenschaften Berlin 1886 (1887) 11.

6) HERODOT II 106.

7) Zitiert nach: E. AKURGAL, Die Kunst der Hethiter (1961) 90.

8) Nach: J.M. COOK, Türk Arkeoloji Dergisi VI-2 (1956) 59. COOK bringt in dem Aufsatz mit dem Titel »The Reliefs of Sesostris in Ionia« einen guten Abriß der Forschungsgeschichte der Reliefs am Karabel und informiert über Herodots Interpretationen sowie über die falschen Folgerungen der Wissenschaftler, die sich auch dadurch ergaben, weil sie die Schilderungen des Griechen wörtlich nahmen.

9) Ebda. Anm. 2.

10) K. BITTEL, Mitteilungen der Deutschen Orientgesellschaft 98 (1967) 5 Anm. 1.

11) Ch. TEXIER, Description de l'Asie mineure II (1839) Pl. 132.

12) J.M. COOK (Anm. 8).

13) F.B. STARK, Niobe und die Niobiden in ihrer literarischen, künstlerischen und mythologischen Bedeutung (1863) 105.

14) K. BITTEL (Anm. 3) 182.

15) K. BITTEL, Archäologischer Anzeiger 1940, 564.

16) E. AKURGAL (Anm. 7) 46. In der 1. Auflage folgte ich noch AKURGALS Argumentation, die allerdings durch eine Neuordnung der Chronologie fraglich geworden ist.

17) K. BITTEL, Mitteilungen der Deutschen Orient-Gesellschaft 98 (1967) 14.
18) K. KOHLMEYER (Anm. 4) 25 ff.
19) Ebda. 27.
20) C. HUMANN, in: Archäologische Zeitung 33 (1875) 50 f..
21) H.G. GÜTERBOCK, Istanbuler Mitteilungen 17 (1967) 64 f.
22) Ganz habe ich allerdings die Hoffnung immer noch nicht aufgegeben, wenigstens Bruchstücke zu finden, obwohl ich dort in den letzten drei Jahren vergeblich gesucht habe.
23) K. BITTEL (Anm. 3) 184.
24) C. HUMANN (Anm. 20) 50.
25) K. KOHLMEYER (Anm. 4) 28.

Das Relief am Karabel (nach: K. Kohlmeyer, APA 15)

(3) Die Reliefs in der Midas-Stadt

Midas-Stadt (türk.: Midas-Sehri) heißt die phrygische Stadt oberhalb des Dorfes Yazilikaya, das zwischen Eskisehir und Afyon liegt. (Nicht zu verwechseln mit dem gleichnamigen Heiligtum Nr. 18b bei Bogazkale/Hattuscha.) Die Stätte ist in erster Linie durch ihre riesige phrygische Felsfassade bekannt, die bis 1939 noch für das Grab des Midas gehalten wurde, da zwei Inschriften auf dem Monument des Namens des Midas tragen. Inzwischen hat sich ergeben, daß es sich hier um ein Heiligtum der Kybele handelt, die in der Nische aufgestellt war.

Ein Plan an der Wand der Gemeindeverwaltung zeigt einen Grundriß der phrygischen Siedlung mit Legende. (Hier können Sie rechts vor dem Haus auch über Nacht Ihren Wagen auf der eingezäunten Fläche stehen lassen.)

Wenn wir vom Ostteil des Plateaus auf dem »Prozessionsweg« heruntergehen, stoßen wir linkerhand zunächst auf einen phrygischen Altar und dann auf eine Reihe von Reliefs, deren hethitischer Stil strittig ist. Die dargestellten Gestalten, allein oder in Gruppen, blicken alle abwärts.

Gleich nach dem Altar sehen wir das am besten erhaltene Bild, einen bärtigen Mann mit runder Mütze und einem Stab. Sein kurz geschnittenes Haar bildet am Nacken einen kleinen Schopf, »wie die assyrisierenden Beispiele der mittel- und jungspäthethitischen Phasen der nordsyrisch-hethitischen Kunstdenkmäler.«[1] Das obere Bildzeichen stellt wahrscheinlich einen Vogel dar, das untere sieht einem Kegel ähnlich. Ekrem AKURGAL hält somit das Relief für ein späthethitisches Werk und datiert es in das 8. Jahrhundert, vielleicht um 700. Die Phryger seien zu der Zeit noch nicht imstande gewesen, größere Bildwerke zu schaffen, so daß sie die Arbeiten an späthethitische Werkstätten vergaben.[2] Diese These werde durch die späthethitischen Reliefs in Midas-Stadt bestätigt.[3]

Ein Indogermanist und Kenner des Bildluwischen,[4] dem ich ein Photo vom obersten Relief vorlegte, sagte mir ganz spontan, ohne das Felsbild zu kennen, daß ihm die Zeichen rechts von der Figur wie Hieroglyphen vorkämen.

RAMSAY wendet schon 1889 ein,[5] daß sich die zwei

Hieroglyphenzeichen, die er erkennt, so sehr von den anderen bis dato bekannten unterscheiden, daß er jeglichem Zweifel schwerlich etwas entgegenhalten kann. Trotz der runden Mütze rechnet er die Figur den phrygischen Monumenten zu.

Das nächste Bild weiter abwärts stellt einen Mann mit langem Mantel dar; 15 Schritte danach sieht AKURGAL einen Löwenmenschen, nach fünf Metern folgen drei »Mantelfiguren« vor einer sitzenden Gestalt. Die letzte Gruppe besteht aus zwei großen »Mantelfiguren«. Alle Gestalten wenden sich dem Beschauer zu, der den Aufgang hochschreitet. AKURGAL erwartet auf dem Plateau ein hethitisches Heiligtum.

C.H.E. HASPELS schreibt den Stil aller Reliefs der alten anatolischen Tradition zu, aber eine direkte Verbindung zu den Hethitern müsse nicht unbedingt bestehen. Sie sieht keine Anzeichen hethitischer Kultur, obwohl das gesamte phrygische Hochland während des II. Jahrtausends besiedelt war.[6]

Das mutmaßliche hethitische Relief neben dem phrygischen Altar (nach: CIH, MVAG (1900) 5 Taf. XXXVI B)

Zwischen *Karabel* und *Akpinar* im Westen und den anderen hethitischen Reliefs weiter im Osten klaffte eine Lücke, die keinerlei hethitische Spuren aufwies. Jedoch wurde jetzt bei Afyon ein hethitischer Friedhof gefunden und am Yumruktepe bei Beyköy eine Flügelsonne (wieder)entdeckt,[7] die F. STEINHERR in die Großreichszeit datiert hatte. Damit seien auch die »Zweifel an der Deutung des Vogelzeichens in Midasstadt als hethitisch« zerstreut.[8]

Doch ob damit auch alle Reliefs am Prozessionsweg hinauf zum Plateau der Midas-Stadt als hethitisch gelten können, ist m.E. sehr fraglich. Gehen wir davon aus, daß das oberste Felsbild, das mit dem »Vogelzeichen«, wirklich hethitisch ist, dann ist damit noch nicht gesagt, daß die anderen, unteren, mit ihm zeitgleich sind. Nehmen wir doch den Begriff »Kultkontinuität« wörtlich und postulieren wir, daß die sogenannten »Mantelfiguren« in einer späteren Epoche den Versuch von Weiterentwicklungen darstellen.

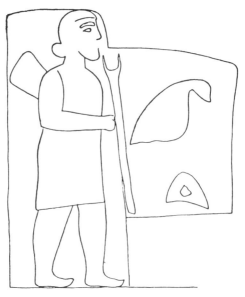

*Das späthethitische Felsrelief mit Beischrift(?)
(nach: Anatolia 3 (1958) 151)*

---

1) E. AKURGAL, Anatolia 3 (1958) 148 f.
2) DERS., Phrygische Kunst (1955) 67 f.
3) F. PRAYON, Phrygische Plastik, Die früheisenzeitliche Bildkunst Zentral-Anatoliens und ihre Beziehungen zu Griechenland und zum Alten Orient (1987) 33.
4) H. EICHNER in einem Gespräch im Herbst 1987.
5) W.M. RAMSAY, Jahrbuch des Deutschen Archäologischen Instituts, Athenische Abteilung 14 (1889) 182 f. Er und alle Autoren, die sich nur auf ihn berufen, geben den Standort fälschlich mit Doghanlideresi an.
6) C.H.E. HASPELS, The Highlands of Phrygia (1971) 84.
7) Diese Wiederentdeckung kann ich für mich in Anspruch nehmen; Jutta BÖRKER-KLÄHN gab dazu den Anstoß (s. Exkurs A). Ich zweifle allerdings, daß es sich bei dem rudimentären Relief um eine Flügelsonne handelt.
8) STEINHERR, Istanbuler Mitteilungen 15 (1965) 23.

(4) Die heilige Stätte von Gavurkalesi

Die »Burg der Ungläubigen« (Gavurkale) liegt 60 km südwestlich Ankara, westlich der Straße nach Haymana, auf einer Felskuppe etwa 60 m über einem Bach. Ein Relief aus der Großreichszeit zeigt zwei männliche Gestalten, die auf eine dritte zugehen.

Wir fahren von Haymana 13 km in Richtung Ankara, in Dereköy biegen wir links kurz hinter einer kleinen Brücke ab. (Nach Ankara sind es noch 60 km.) Wir sehen hier zwei kleine Wegweiser übereinander, der obere läßt »Karaömerli« erahnen. Der Weg schlängelt sich entlang eines tief eingeschnittenen Bachlaufes. Nach etwa 1,5 km durch ein weites Tal erreichen wir wieder eine noch kleinere Betonbrücke, unter der wieder ein Bach durchfließt, dort rechts ab. Je nach Jahreszeit und Wasserstand in der manchmal ziemlich sumpfigen Wiese können wir uns mit dem Wagen dem Hügel nähern und gehen dann das letzte Stück zu Fuß auf den Berg und das Relief zu. Zum Photographieren ist die Nachmittagssonne am günstigsten.

Entdeckt wurde die Anlage 1861 durch die Franzosen G. PERROT und E. GUILLAUME während ihrer Forschungsreise durch Galatien und Kappadokien.[1] Sie sahen damals jedoch nur die beiden männlichen Gestalten; die weibliche Figur[2] wird erst 1926 durch von der OSTEN auf einer Expedition des Oriental Institute Chicago ausgemacht. Bei diesem Besuch überlegt er, ob man in Gavurkalesi nicht Kuschara sehen könne, die erste Hauptstadt der Hethiter, noch bevor sie Hattuscha eroberten.[3]

Ein natürliches Felsmassiv ist mit kyklopischen Mauern auf drei Seiten völlig, auf der vierten nur teilweise ummantelt worden. Auf dieser Seite ist die natürliche Felswand fast senkrecht abgearbeitet und mit drei Reliefs versehen worden. Dadurch entstand oben ein nahezu quadratisches Plateau mit einer rechteckigen Kammer, die von der Oriental Institute-Expedition noch als Durchgang betrachtet wurde, was ja erst in phrygischer Zeit der Fall gewesen sein kann. Ihre Kragsteindecke bildet ein falsches Gewölbe. Es liegt nahe, hierbei an ein Kammergrab zu denken und bei der ganzen Anlage an ein Mausoleum, oder

»Steinhaus«, wie die Hethiter dazu sagen. Als Grabmal wurde die Kammer nie genutzt, es könnte sich hier also um ein Kenotaph (Scheingrab) handeln.[4]) Der sakrale Charakter ist in Verbindung mit den Reliefs sicher.

Auf dem Felsbild sehen wir zwei Götter mit Schnabelschuhen und Schurzrock nach links auf eine ihnen gegenüber, jenseits der Felsspalte, verhältnismäßig kleinere, sitzende Göttin zuschreiten. Die Hörner beider Gestalten machen sie zu Göttern. Außerdem trägt die rechte einen Keilbart.[5]) Beide erheben einen Arm in Grußhaltung auf die Göttin zu.

Diese dritte Figur scheint in der Bosse zu stehen; neben ihr ist eine geglättete Fläche, die möglicherweise eine Inschrift tragen sollte. Die radartige Kopfbedeckung macht sie zur Frau, die Gegenstände in ihren Händen, Heilsymbol und Schale, kennzeichnen sie als Göttin. Sie ist die Sonnengöttin von Arinna, sie verleiht das Königtum, das der Wettergott zu schützen hat.

K. BITTEL gibt zu bedenken, daß die sitzende, linke Gottheit nicht unbedingt weiblich sein muß, bloß des langen Gewandes wegen.[6]) Auch bestimmte Götter, so der Sonnengott, tragen es. Und die ziemlich hohe Mütze würde eher für einen Gott denn für eine Göttin sprechen. So sei sie so hoch, daß sie kaum eine Haube sein kann, wie sie Göttin und Königin in *Fraktin (Nr. 20)* z.B. tragen.[7])

Umzeichnung des Reliefs (nach K. Kohlmeyer, APA 15)

E. AKURGAL hält den linken Gott für den Wettergott des Himmels, den ihm folgenden für seinen Sohn. Zusammen mit der sitzenden Göttin dürften sie eine Darstellung der höchsten Götter ergeben, so wie wir sie auch in der Hauptszene von *Yazilikaya (Nr. 18b)* sehen können.[8]) Gegen diese Zuordnung von Vater und Sohn ist einzuwenden, daß der Sohn, »zu dessen Charakterisierung gerade seine Jugendlichkeit gehört, bärtig, der Vater hingegen unbärtig dargestellt wurde.« Doch nachdem keine Beischriften vorhanden sind, wird sich die Identität der drei Gottheiten wohl nie genau klären lassen.[9])

Die Benutzung der Anlage von Gavurkalesi ist mindestens während dreier Phasen belegt: In hethitischer Zeit durch das Relief und die Zyklopenmauern, zur Zeit der Phryger durch die Befestigung und schließlich durch eine römische Garnison.

H.H. von der OSTEN erfährt bei seiner Ankunft in Ankara Mitte Mai 1930, daß der Präsident der Türkischen Republik, Gazi Mustafa KEMAL PASA, sich mehrmals nach den Plänen des Oriental Institute Chicago und seiner Anatolienexpedition erkundigt hat.[10]) ATATÜRK bittet den Amerikaner zu sich und beeindruckt ihn durch seine äußerste Bescheidenheit und Einfachheit (»utter modesty and simplicity«). Der Präsident gibt v.d. OSTEN zu verstehen, er wisse sehr wohl, daß die neue Regierung bei der wissenschaftlichen Erforschung der Vergangenheit Anatoliens nicht sehr aktiv gewesen sei. Wichtigere Dinge wie Frieden und Ruhe sowie die Volksbildung hätten bis jetzt den Vorrang gehabt.

ATATÜRK ersucht v.d. OSTEN, einer Probegrabung beiwohnen zu können und schlägt Gavur Kalesi vor. Die Amerikaner rüsten sich daraufhin mit geliehenen Schaufeln, Spitzhacken und 15 ausgesuchten Arbeitern zehn Tage lang für den »Staatsbesuch«, der dann am 29. Mai 1930 stattfindet und ganze zwei Stunden dauert.

Zum Namen: Gavurkale und Gavur Kalesi meinen dasselbe, es handelt sich nur um eine andere Schreibweise. Karl-May-Leser unter uns wissen sicher noch, was ein »Giaur« ist, nämlich

Gavurkalesi: Die schreitenden Götter (nach: Perrot, Histoire IV 352)

nichts anderes als ein Ungläubiger. Kurzum: Giaur und Gavur sind identisch. Warum die Bergkuppe allerdings so heißt, ist mir unerklärlich. Für die Türken der Neuzeit sind alle Bauherren, die hier tätig waren, ob sie jetzt Hethiter, Phryger oder Römer waren, »Ungläubige«. Soll das die ganze Erklärung sein?

---

1) G. PERROT/E. GUILLAUME, Révue archéologique 6 (1865) 1 ff.
2) H.H. v.d. OSTEN, Explorations in Hittite Asia Minor, A Preliminary Report, Oriental Institute Communications No. 2 (1927) 79. V.d. OSTEN spricht hier sogar von zwei weiteren Figuren; der Verbleib dieser vierten ist allerdings unbekannt. KOHLMEYER stellt zur Diskussion, daß evtl. ein oder zwei ursprünglich vorhanden gewesene Figuren abgearbeitet worden seien: K. KOHLMEYER, Acta praehistorica et archaeologica 15 (1983) 46 f. Doch dürfte diese Abarbeitung wohl kaum nach 1926 bewerkstelligt worden sein!
3) Diese These ist m.W. nicht weitergeführt worden.
4) Im gesamten Reich ist uns kein einziger Bestattungsort eines Königs bekannt.
5) Könige sind immer bartlos dargestellt.
6) Er scheint damit den Stoff, der von der Radhaube herunterfällt, zu meinen.
7) K. BITTEL, Beitrag zur Kenntnis hethitischer Bildkunst (1976) 15 Anm. 23.
8) E. AKURGAL, Die Kunst der Hethiter (1961) 79.
9) K. KOHLMEYER, Acta praehistorica et archaeologica 15 (1983) 47.
10) H.H. v.d. OSTEN, Discoveries in Anatolia 1930-31, Oriental Institute Communications No. 14 (1933) 56 ff.

(5) Das Wasserbassin von Yalburt

Das Dorf Yalburt liegt 26,5 Wegkilometer nördlich Ilgin, das man auf der Strecke Afyon-Konya durchfährt. Das hethitische Quellheiligtum mit einer langen, großen Hieroglypheninschrift ist bis jetzt in der gesamten Fachliteratur nur am Rande erwähnt;[1] eine ausführliche Publikation durch den Ausgräber, Raci TEMIZER vom Museum in Ankara, steht schon lange aus.

An Ilgin führt die Umgehungsstraße nördlich des Ortskerns vorbei. Wenige hundert Meter östlich des Bahnhofs, den man von der Straße aus sieht, geht eine Straße von der Umgehung nach Norden ab. Wir biegen in diese geteerte Straße ein und überqueren gleich darauf die Bahngeleise der Strecke Istanbul-Afyon-Konya-Adana. Nach 4 km sehen wir links einen See, den Çavuşçugölü, an dessen Ostufer wir weiterfahren. Bei km 6,4 (ab Abzweigung) führt rechts ein Weg nach Gedikören, wir halten weiter geradeaus auf die Bergkette in der Ferne zu. Bei km 16,4 erreichen wir Misafirli, wo wir rechts abbiegen. Der See links ist schon nicht mehr zu sehen.

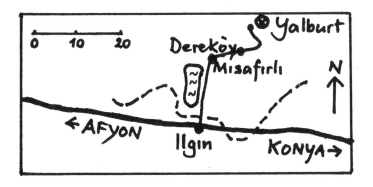

Wir kommen jetzt durch Dereköy (km 18,7) hindurch, ab hier ist der Weg nicht mehr staubfrei. Bei der Atatürk-Büste fahren wir nicht links über die schmale Brücke, sondern halten uns rechts, bergauf, in Richtung Nordosten. *(Vorsicht! In dieser*

Gegend ist die Luft so trocken, daß Kupplungsseile besonders leicht reißen.) Bei km 21,7 macht der Weg eine sehr scharfe Linkskurve und bei km 26,3 erreichen wir das im Sommer meist verlassene Dorf Yalburt.

Das rechteckige Wasserbassin liegt kurz hinter dem Ort an einer ebenen Fläche des Hanges links der Straße, die sich dann weiter die kahle Hügelkette hinaufzieht. Es ist mit Stacheldraht eingezäunt, durch den man sich aber leicht hindurchzwängen kann. Als wir im Sommer dorthin kommen, ist von Wasser keine Spur. Ich weiß nicht, wie es dort im Frühjahr oder Herbst aussieht. Eine schwache Quelle kann ich erst ca. 150 m tiefer ausmachen.

Entdeckt wurde das Becken zufällig im Jahre 1970, als ein Bulldozer am Füße eines Hügels eine Quelle freilegte. Die 19 Blöcke des offenbar rekonstruierten Bassins sind als Schutz vor der Witterung mit Eternit überdacht, das im Laufe der letzten Jahre sichtlich morsch geworden ist. Die Inschriften sind nach innen gekehrt. Auf der Rückseite tragen sie die aufgepinselte Zahl »1975«, vielleicht das Jahr der Wiederaufstellung durch Raci TEMIZER. Am auffälligsten ist gleich beim ersten linken Block die Namenskartusche von Tuthalija IV. (1250-1220) mit der deutlich erkennbaren Flügelsonne.[2])

Namenshieroglyphe von Tuthalija IV.

Kurt BITTEL zieht von Yalburt eine Parallele zum Staubecken von *Karakuyu (Nr. 24)*:[3]) Beide Bauwerke tragen den Namen Tuthalijas IV., bei beiden handelt es sich um Wasserbecken, deren Verwendungszweck (noch) im Dunklen liegt. Waren es profane Anlagen oder dienten sie auch kultischen Handlungen? Ein so reichhaltig beschriftetes Monument muß doch auf Breitenwirkung ausgelegt sein, allerdings gibt es keinen Hinweis, daß hier einmal eine stark frequentierte Straße vorbeigeführt hat. Wenn das Publikum nicht zwangsläufig vorüberkam, dann mußte es eben hierher geholt werden. Was also hindert uns daran, hier ein großreichszeitliches Heiligtum zu vermuten, das dann, aus welchen Gründen auch immer, in der Folgezeit in Vergessenheit geriet.

Die wiederzusammengestellten Quader sind verschieden gut erhalten. Der Unterschied im Erhaltungszustand der einzelnen Inschriften ist von Block zu Block so groß, daß sich der Gedanke

Yalburt: Ein Inschriftenblock des Bassins

aufdrängt, sie seien nicht in der Reihenfolge wiederaufgestellt worden, wie sie es wohl über lange Zeit einmal waren. Über eine mögliche Zweitverwendung, wie sie R. NAUMANN beim

Staubecken von Karakuyu in Betracht zieht,[4]) ist noch nichts genaues bekannt. Angeblich wurde das Bassin in römischer Zeit umgestaltet und wiederbenutzt. Das Dorf auf dem Hügel besitzt hellenistisch-römische Überbleibsel.

Die ursprüngliche Aufeinanderfolge der Blöcke kann jetzt vielleicht nur ein »Hieroglyphist« erschließen, nachdem eine genaue Untersuchung der Lagerflächen und Fugen vorgenommen wurde. Bis heute hat sich m.W. noch niemand daran gemacht; für einen Nicht-Türken dürfte es schwer, wenn nicht unmöglich, sein, die Erlaubnis zur neuerlichen Grabung und abschließenden Publikation zu erhalten. Und somit erklärt sich auch der Stacheldraht mit jetzt wohl nur noch symbolischer Wirkung: Dieses Monument hat offiziell noch gar nicht angefangen zu existieren, weil es noch nicht publiziert wurde.

---

1) Kurze Erwähnungen finden sich in: American Journal of Archaeology 76 (1972) 171; 77 (1973) 174; 78 (1974) 111; bei K. KOHLMEYER, Acta praehistorica et archaeologica 15 (1983) 35 Anm. 286, und bei K. BITTEL, Denkmäler eines hethitischen Großkönigs des 13. Jahrhunderts vor Christus (1984) 13 f.: »Es ist sehr zu beklagen, daß die Texte von Yalburt immer noch nicht zugänglich sind...«

2) Eine Umzeichnung dieser Kartusche diente als Titelbild der 1. Auflage dieses Buches.

3) K. BITTEL, Denkmäler eines hethitischen Großkönigs des 13. Jahrhunderts vor Christus (1984) 13 f.

4) R. NAUMANN, Architektur Kleinasiens von ihren Anfängen bis zum Ende der hethitischen Zeit (1971) 195.

(6) Das Quellheiligtum von Eflatun Pinar

Eflatun Pinar (früher auch: Iflatun Punar) liegt ca. 15 km nördlich Beysehir, östlich des Beysehir-Sees in Pisidien. Hier handelt es sich streng genommen nicht um ein Felsrelief, sondern um einen etwa 7 m breiten und 4,2 m hohen Quaderbau am Rande eines gestauten Quellteiches. Die gesamte Fassade des Monumentes ist mit Reliefs geschmückt.

Wir fahren von Beysehir nach Nordwesten in Richtung Yalvaç. Nach 13 km ab Ortsende Beysehir sehen wir rechts eine Petrol Ofisi-Tankstelle, nach weiteren 2,2 km geht rechts ein Feldweg ab, diesem folgen wir. (Wenn wir diese Abzweigung verpassen und 200 m zu weit fahren, sehen wir auf derselben Seite eine deutlich erkennbare Mühle mit einem Wasserrad.) Wir fahren diesen Feldweg 2,1 km entlang, bis linkerhand eine Steinmauer auftaucht. Wir lassen uns von ihr führen, auch dort, wo sie einen Knick macht. Links sehen wir ein paar Häuser, ein Wachhund verfolgt uns bellend, gibt aber bald wieder auf, und nun noch 200 m, bis wir in einer Senke an den Quellteich kommen, an dessen Rand das Heiligtum steht.

Im Jahre 1837 wurde Eflatun Pinar von William J. HAMILTON entdeckt[1]) und noch im selben Jahrhundert wurde es von Forschungsreisenden aus vielen Ländern, vor allem aus Großbritannien, Frankreich und Deutschland aufgesucht. Ebenso vielfältig sind die Deutungen, auch wenn sie nicht so weit wie im Falle *Karabel (Nr. 2)* und *Akpinar (Nr. 1)* auseinandergehen.

So scheinen für Gustav HIRSCHFELD die drei Flügelsonnen »auf Bemalung eingerichtet zu sein.«[2]) Die Tatsache, daß diese Sonnen flächig dargestellt, also womöglich nicht fertig durchgearbeitet sind, mag ihn zu dieser Annahme verleitet haben. Ein W.H. WARD rechnet das Monument »jener primitiven Periode der kleinasiatischen Geschichte [zu], die wir jetzt Hethitisch nennen, obwohl seine Bauweise sich deutlich von jedem anderen bekannten Monument unterscheidet.«[3]) Und wenn man die Forschungsgeschichte der Hethiter kennt, wundert es auch kaum mehr, daß Friedrich SARRE am Ende des vorigen Jahrhunderts schreibt, das Bauwerk gehöre zu den Denkmälern der

»pseudohethitischen Kunst«.[4])

»Das Denkmal von Iflatun, das gleichsam eine künstliche Felswand ist,«[5]) zeigt zwei sitzende Figuren, eine männlich, die andere weiblich, mit je einer Flügelsonne[6]) darüber, deren Flügel von Mischwesen getragen werden. Nach oben wird das Ganze von einer weiteren Flügelsonne abgeschlossen. Ihre beiden Flügelenden werden wiederum von je zwei größeren Mischwesen gestützt. H.G. GÜTERBOCK sieht ein Götterpaar:[7]) Links der Gott mit spitzer Mütze, rechts die Göttin mit dem sog. Hathor-Kopftuch, das wir von den Sphingen in *Alaca Hüyük (Nr. 19)* her kennen.

Auch BITTEL sieht in den beiden Figuren Gottheiten. Sie sind »Mittelpunkt und Sinn des Ganzen ..., hier in ein Abbild ihrer Wirkungssphäre eingegliedert ... Dass jeweils eine Sonnengottheit gemeint ist, legt die jeder eigene Flügelsonne nahe, und dass es sich um ein solares Götterpaar handelt, darf wohl aus der oberen Sonnendarstellung gefolgert werden, welche die beiden Gottheiten samt ihren Trabanten zusammenschliesst.«[8])

E. LAROCHE hält BITTEL entgegen, daß die hethitische Sonne kein Göttersymbol sei. Um das Bild einer Sonnengöttin oder eines Sonnengottes zu zeichnen, würde die anatolische Hieroglyphenschrift über andere Mittel verfügen. Die Flügelsonne würde sich in der Hauptsache auf die Person des hethitischen Königs beziehen, sie beherrsche die Königskartusche wie z.B. am *Kizil Dag (Nr. 8)* oder in *Yazilikaya (Nr. 18b)*. Die drei Flügelsonnen bestätigen nur die königliche Anwesenheit.[9])

Der oberste Block bildet nur einen Teil der Sonne ab. Eine unvollständige Sonnenscheibe ist aber nicht bekannt, d.h. man muß sich noch einen weiteren Block hinzudenken, der den Rest der Sonnenscheibe und die Flügelspitzen ergänzt. BITTEL hält es für unmöglich, daß darüber noch Statuen aufgestellt waren, wie von J. MELLAART vorgeschlagen: »... die Sonne kann nichts unmittelbar über sich geduldet haben«.[10])

BITTEL spielt dabei auf MELLAARTS Rekonstruktionsversuch[11]) an. Dieser hat nämlich die 30 km von Eflatun Pinar entfernte Stele von *Fasillar (Nr. 7)* zusammen mit den rekonstruierten Bruchstücken des »Aslantas« (Löwenstein), die als Teile einer Doppeltierbasis[12]) einige Meter hinter dem Mo-

Eflatun Pınar: Fassade des Quellheiligtums; Gott und Göttin sitzen, umgeben von Mischwesen, die Flügelsonnen tragen (gegen 1200)

nument liegen, und dem Quellheiligtum zu einem wunderschönen Ensemble komponiert (s. Abb.). Er vergleicht dabei die zwei Leoparden (MELLAART sieht hier keine Löwen) zu Füßen der Stele mit dem Fragment und folgert, daß dieses nur das Unterteil einer monumentalen Statue sein kann, die dann eine thronende Göttin analog zu dem stehenden Gott in Fasillar sein müsse.

Auch wenn man, um BITTELS oben angeführten Einwand zu entkräften, die Stele an die hintere Kante stellen würde, gäbe es Widersprüche zu der Rekonstruktion:[13] Der Gott der Stele wäre im Verhältnis zu den beiden Gottheiten an der Fassade überproportioniert, und die rekonstruierte Figur des Aslantas würde wiederum in ihrer Größe nicht zu dem Gott der Stele passen. »In der Diskussion um die Anlage von Eflatun Pinar hat die Stele [von Fasillar] daher zu entfallen.«[14]

Bewegt man nun aber die Stele in Gedanken noch weiter nach hinten, so wird sie dadurch für die Augen des vor dem Heiligtum stehenden Betrachters »kleiner«. Man braucht nicht einmal mit ihr so weit zu wandern, bis sie unter demselben Blickwinkel erscheint. Auf diese Weise wächst die Wahrscheinlichkeit, daß Eflatun Pinar und Fasillar einmal eine Kultstätte bilden sollten. Rein rechnerisch wäre es also durchaus möglich, auch wenn eine nur im Entferntesten ähnliche Komposition nicht existiert.

K. BITTEL hält eine präzise Datierung für unmöglich, glaubt das Werk aber »einer späteren Phase des 'Grossreiches'« zuweisen zu können.[15] Auch R. NAUMANN ordnet es »wegen seines vollendeten Quaderstils« der Großreichszeit zu.[16] Eine Beischrift, die evtl. bei einer Datierung helfen könnte, fehlt.

Die Nähe des Wassers muß die unabdingbare Voraussetzung für die Errichtung des Baus gewesen sein, die Quader dienten als Ersatz für eine nicht vorhandene Felswand. Ein Bezug auf einen Verkehrsweg fehlt hier.[17]

Der Name »Eflatun Pinar« bedeutet lt. Friedrich SARRE »Plato-Brunnen« und stammt aus der seldschukischen Zeit, »in der sich die persischen Gelehrten am Hof in Konia mit griechischer Philosophie beschäftigten.«[18] Andererseits bedeutet »eflatun« auch »fliederfarben«, »bläulich«. Eine schwachblaue

Das Felsmonument am Rande des Quellteichs

Quelle also? Durchaus möglich, wenn man bedenkt, daß sich im Wasser nicht nur der Himmel widerspiegelt, sondern vielleicht auch Pflanzen, z.B. Flieder.

1) W.J. HAMILTON, Researches in Asia Minor, Pontus and Armenia II (1842) 350 f.
2) G. HIRSCHFELD, Abhandlungen der Königlichen Akademie der Wissenschaften zu Berlin 1886 (1887) 33.
3) W.H. WARD, American Journal of Archaeology 2 (1886) 50.
4) F. SARRE, Reise in Kleinasien, Sommer 1895, Forschungen zur Seldjukischen Kunst und Geographie des Landes (1896) 123.
5) Fr.W. Freiherr v. BISSING, Archiv für Orientforschung 6 (1930−31) 159.
6) Die Flügelsonne hat in Ägypten ihre Heimat. Dort und in Kleinasien stellt sie ein Königssymbol dar: R. MAYER−OPIFICIUS, Ugarit−Forschungen 16 (1984) 189 ff.
7) H.G. GÜTERBOCK, Türk Tarih Kurumu Yayanlarindan Seri 7,No. 5 I (1947) 61 (Festschrift Halil EDHEM).
8) K. BITTEL, Bibliotheca Orientalis 10 (1953) 4.
9) E. LAROCHE, Anatolia 3 (1958) 43 f.
10) K. BITTEL, Die Hethiter (1976) 225.
11) J. MELLAART, Anatolian Studies 12 (1952) 114 ff.
12) R. ALEXANDER, Anatolica 2 (1968) 77 ff.
13) K. KOHLMEYER, Acta praehistorica et archaeologica 15 (1983) 40.
14) Ebda. Die gleiche Ansicht vertritt auch: W. ORTHMANN, Festschrift MOORTGAT, Vorderasiatische Archäologie, Studien und Aufsätze (1964) 225 ff.
15) K. BITTEL (Anm. 8).
16) R. NAUMANN, Architektur Kleinasiens von ihren Anfängen bis zum Ende der hethitischen Zeit^2 (1971) 73.
17) J. BÖRKER-KLÄHN, Altvorderasiatische Bildstelen und vergleichbare Felsreliefs, Baghdader Forschungen 4 (1982) 105 § 324.
18) F. SARRE (Anm. 4) 125.

Das Quellheiligtum von Eflatun Pinar (nach: Perrot, Histoire IV 356)

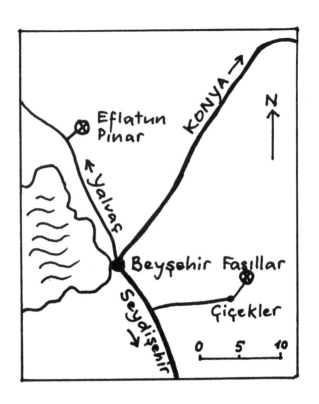

Der Kopf des Gottes von Fasillar

(7) Die liegende Stele von Fasillar

Die monumentale Stele von Fasillar liegt im wahrsten Sinn des Wortes 14 km südöstlich von Beysehir und nördlich von Seydisehir in Pisidien. Das Dorf Fasillar ist knapp 30 km Luftlinie von *Eflatun Pinar (Nr. 6)* entfernt. Eine originalgetreue Kopie des Monumentes steht im Garten des Archäologischen Museums in Ankara.

Eine 7,4 m große, ca. 30 t schwere, unvollendete Stele liegt auf ihrer Rückseite auf dem schwach geneigten Abhang, offensichtlich aus jedem Zusammenhang gerissen. Ein Berggott, der von zwei Löwen flankiert wird, wächst aus der Tiefe heraus, auf ihm steht, schwer lastend, eine männliche Gottheit, wahrscheinlich ein Wettergott.[1])

Bogazköy, er meint damit aber Yazilikaya], Euyük [Alaca Hüyük] und Giaur Kalesi« gehört. STERRET macht sich die Mühe und vermißt jedes Detail der Figur auf den Zentimeter genau, an eine Deutung wagt er sich nicht, wenn man davon absieht, daß ihn die Handhaltung der unteren Figur an die »Große Mutter Kybele« erinnere, wenngleich sie höchstwahrscheinlich ein Mann sei. Die Kopfbedeckung würde ein Helmbusch ähnlich dem eines bayerischen Raupenhelms krönen.[4])

Zwei Jahre später ist der Brite William M. RAMSAY am Ort und fertigt die erste Skizze an. Er erblickt in der Gestalt unten eine Göttin mit einer Tiara als Mauerkrone der Kybele und vergleicht sie mit der Niobe bei Akpinar (Nr. 1).[5]) Heinrich SWOBODA, Josef KEIL und Fritz KNOLL haben 1935 am ausführlichsten über die Stele und über die ganze Umgebung mit den vielen Zeugen aus klassischer Zeit berichtet.[6])

Die 7,4 m hohe Stele (ohne Zapfen) zeigt einen bartlosen Gott in Schrittstellung, mit hoher Mütze und angedeuteten Hörnern, seinen rechten Arm erhoben, möglicherweise in Grußhaltung. Er steht auf einer kleinen Figur mit breitem Kinnbart; sie hält ihre Arme vor der Brust verschränkt. Bekleidet ist sie mit einer einfachen Mütze und einem langen Gewand. Ihr zur Seite stehen je zwei fast vollplastische Löwen.

K. KOHLMEYER hält eine Datierung der Stele für schwierig;[7]) die materialbedingt kubische Ausführung, die Unfertigkeit, vor allem aber die Einmaligkeit nennt er dafür als Gründe. So finden wir Berggötter dieses Typs bis zum Anfang des ersten Jahrtausends, während der stehende Gott großreichszeitlich ist.

In der Nähe wurde keine Keramik aus vorklassischer Zeit gefunden, alle Spuren weisen auf die Zeit der griechischen Denkmäler hin.[8]) Auch gibt es in unmittelbarer Nachbarschaft keinen Steinbruch, in dem die Stele bearbeitet worden wäre. Sie muß folglich aus irgendwelchen Gründen während des Transports verlassen worden sein. J. MELLAART hat zur Diskussion gestellt, daß das Monument für das Quellheiligtum von Eflatun Pinar (Nr. 6) gedacht gewesen sei,[9]) was jedoch heute von fast allen Fachleuten verworfen wird:[10]) »In der Diskussion um die Anlage von Eflatun Pinar hat die Stele [von Fasillar] daher zu entfallen.«[11])

Wir verlassen Beysehir in südlicher Richtung auf der Straße nach Seydisehir. Nach 4,4 km ab Ortsausgang kommen wir an eine Kuppe mit Überholverbot, gleich dahinter geht der Feldweg nach Çiçekler (beschildert, 9 km) und Fasillar links, nach Osten ab. Knapp 3 km hinter Çiçekler erreichen wir Fasillar. Noch vor den ersten Steinhäusern führt halblinks ein schmaler Weg den Hang hoch zu der Stele. Der lange, liegende Monolith fällt schon von weitem ins Auge.

Der Betrachter kann sich nur schwer einen guten Gesamteindruck von der Stele verschaffen. Beim Photographieren hat man auch Schwierigkeiten: Mit einem Weitwinkelobjektiv gäbe es zwar bei der Schärfe keine Probleme, doch dafür treten dann die Verzerrungen auf. Besser ist ein Teleobjektiv (ab 200 mm Brennweite); man steigt einfach auf den Berg gegenüber und photographiert von der Anhöhe hinunter.

Das Monument wurde 1884 von dem Amerikaner J.R. Sitlington STERRET während der sogenannten »Wolfe-Expedition«[2]) entdeckt.[3]) Er erkennt, daß das »prähistorische« Denkmal zu den »berühmten Skulpturen von Boghazkieui [=

Die liegende Stele

Auffällig ist auch das Felsgrab des »Heros Progamios«[12]) auf der gegenüberliegenden Seite des Tales. Es handelt sich hier um eine aus dem Fels gehauene Nische mit Rundbogen, auf welchem in griechischer Schrift »LUKIANOS« eingemeißelt ist. Flankiert wird die Nische von zwei nicht kannelierten korinthischen Säulen. Rechts daneben steht in Lebensgröße ein Pferd im Relief; darunter die griechische Beischrift »IROSPROGAMIOS«. Wiederum rechts unterhalb davon ist auf geglätteter Felswand eine weitere Inschrift zu sehen; sie hat lt. J. STERRET Wettkampfregeln (»stipulations and laws concerning games«) zum Inhalt. Besagter Lukianos soll ein Gewinner dieser Spiele gewesen sein, und seine Statue habe früher in der Nische gestanden. Sein siegreiches Pferd sei so als Relief auf uns gekommen.[13])

Bogen mit Pferderelief (nach: Kroll, Denkmäler, 15)

Der Beysehir-Gölü ist der drittgrößte See der Türkei; er ist etwa so groß wie der Bodensee. Wegen des Sodagehaltes hat er die gleiche blaugrüne Färbung wie der Van-See. Am Fischmarkt fragen wir einen Taxifahrer nach Fasillar. - Ja, er könne uns hinfahren, für (umgerechnet) etwa 30 Mark. Aber wir haben ja ein eigenes Auto. So bedanken wir uns bei ihm und gehen weiter. Wenig später kommt er rufend hinter uns hergelaufen und meint, er könne uns hinführen, müsse aber nur noch schnell seinem Sohn Bescheid geben, damit dieser in der Zwischenzeit das Taxi fahren könne. Gesagt, getan. Dann lotst er uns umsichtig über den Feldweg nach Fasillar, um die Reifen macht er sich mehr Sorgen als ich. Im Dorf angekommen, bleibt er unten beim Bus: Auf einer Werft in Hamburg hat er sich vor Jahren ein Hüftleiden zugezogen.

Kinder sind jetzt unsere Begleiter, ein ganzer Schwarm. Den Weg zur Stele finden wir selbst, aber sie wollen uns auch noch die vielen Gräber zeigen, die es hier aus klassischer Zeit gibt. Dabei handelt es sich um rechteckige, in den Stein gehauene Gruben, auf die wir kaum gestoßen wären, während das lykaonische Felsgrab mit dem Bogen und dem Pferderelief schon von weitem sichtbar ist.

1) K. BITTEL, Beitrag zur Kenntnis hethitischer Bildkunst (1976) 24.
2) »Die kürzlich verstorbene Miss C.L. Wolfe kam großzügigerweise für die Kosten der Expedition auf«: J.R.S. STERRET, Papers of the American School of Classical Studies at Athens 3, 1884-1885 (1888) V.
3) Ebda. 163 ff.
4) »His head-dress seems to be a helmet, whose crest strongly resembles the Bavarian Raupe ...«: STERRET, (Anm. 2) 164.
5) W.M. RAMSAY, Mitteilungen des Deutschen Archäologischen Instituts, Athenische Abteilung 14 (1889) 172.
6) H. SWOBODA/J. KEIL/F. KNOLL, Denkmäler aus Lykaonien, Pamphylien und Isaurien (1935) 12 ff.
7) K. KOHLMEYER, Acta praehistorica et archaeologica 15 (1983) 40.
8) H.G. GÜTERBOCK, Halil EDHEM Hatera Kitabi I (Festschrift Halil EDHEM), Türk Tarih Kurumu Yayalarindan Seri 7, No. 5, I (1947) 62.
9) J. MELLAART, Anatolian Studies 12 (1962) 111 ff.
10) Die Gründe dafür sind im Kapitel »Eflatun Pinar« (Nr. 6) nachzulesen.
11) K. KOHLMEYER (Anm. 7).
12) H. SWOBODA et al. (Anm. 6) 15.
13) J.R.S. STERRET (Anm. 2) 166 f.

(8) (9) (10) Die Inschriften des Königs Hartapus auf dem Kizil Dag und Kara Dag und bei Mamasin

Im Süden der lykaonischen Steppe, der abflußlosen Ebene östlich von Konya, ragen wie eine Inselgruppe vulkanische Erhebungen vom Taurus im Süden bis hoch zum Erciyes Dagi im Norden. In früheren geologischen Zeiten soll es sich bei der Ebene um ein Süßwassermeer gehandelt haben und die Berggruppe um den Kara Dag war wirklich eine Insel in diesem Meer. Als sich später der Wasserspiegel senkte, blieb eine Reihe von Seen übrig, woran heute noch verschilfte Tümpel und Seen von z.T. beträchtlicher Ausdehnung und der große »Tuz Gölü« (Salzsee) nordöstlich von Konya erinnern.[1])

(8) Auf einer Felsnadel des Kizil Dag, einem isolierten Bergkegel unweit des Kara Dag-Massivs, zwischen Karaman und Konya gelegen, befindet sich ein »Thron«. Seine Lehne trägt das eingeritzte Bild eines sitzenden Mannes; die Beischrift im Relief weist ihn als Großkönig aus. Insgesamt fünf Inschriften wurden hier eingemeißelt, von denen drei ohne weiteres zu finden sind.

(9) Der 2271 m hohe Mahaliç, der höchste Gipfel des Kara Dag-Massivs, liegt 13 km südöstlich des Kizil Dag. Auf ihm finden wir außer einer byzantinischen Kirche mit Kapelle und Kloster zwei hethitische Inschriften in unmittelbarer Nähe. Die Region wird auch Binbirkilise (1001 Kirche) genannt.

(10) Beim Dorf Mamasin, südlich des Stausees, östlich von Aksaray, liegt ein vom Berg Burunkaya heruntergefallener Felsblock mit einer auf dem Kopf stehenden Inschrift.

Der günstigste Ausgangspunkt für den Kizil Dag und Kara Dag ist die Stadt Karaman, etwa auf halber Strecke zwischen Konya und Silifke gelegen. Ich empfehle, im Morgengrauen von Karaman zunächst nach Norden aufzubrechen, um in den verhältnismäßig kühlen Vormittagsstunden zuerst den Kara Dag zu besteigen[2]); diese Tageszeit ist auch zum Photographieren günstig. Es bleibt dann in der Regel noch Zeit für den Kizil Dag. - Für Mamasin ist Aksaray der beste Startplatz.

Allen drei Fundorten ist gemeinsam, daß es dort einen homogenen Komplex von insgesamt acht späthethitischen Inschriften gibt, deren Urheber ein Mann namens Hartapus(a)[3] ist und dessen Vater Murschili heißt. Aus der Großreichszeit kennen wir zwar drei Träger dieses Namens, jedoch keinen, auf den die hier auf uns überkommene »Beschreibung« paßt. Wir begegnen wieder jenem Phänomen, daß in späthethitischer Zeit u.a. durch den Gebrauch von alten Namen an die Tradition des Großreichs angeknüpft werden soll. Mehrfach erscheint der Name des Königs Hartapus in der zur Großreichszeit üblichen Form, d.h. links und rechts von den Zeichen für Großkönig flankiert, viermal sogar mit der Flügelsonne[4] darüber.

Hartapus nennt sich mit vollem Namen »Meine Sonne, der Held, der Großkönig Hartapus, der Liebling des Wettergottes, der Sohn des Großkönigs Murschili, des Helden«. Das entspricht altem hethitischen Brauch. Und durch die Filiation[5] will er klarmachen, daß er kein Usurpator ist. Diese Erklärung muß er für sehr wichtig halten, denn das Großreich ist schon lange untergegangen.

Die Bezeichnung »Großkönig« ist ein international anerkannter Titel; der Herrscher muß bestimmte Qualifikationen aufweisen können, um ihn führen zu dürfen. So gibt es ihn z.B. im 14. Jahrhundert außer im Hethiterreich noch in Mitanni, Babylonien, Assyrien und Ägypten.

In der Vergangenheit wurden beide Berge oftmals miteinander verwechselt, die Bezeichnung der Inschriften geriet infolgedessen ebenso durcheinander. Dazu kommt, daß die Bergnamen Kizil Dag und Kara Dag in Anatolien sehr oft auftreten und auch gerade in dieser Gegend mehrmals anzutreffen sind. RAMSAYS Kartenskizzen[6] sind zwar heute nicht mehr vollständig, aber dennoch ziemlich genau. Erst die jüngsten Veröffentlichungen bringen etwas mehr Licht in das topographische Dunkel.

(9) Die Inschriften auf dem Kara Dag

Wir fahren von Karaman 16 km in Richtung Karapinar nach Norden, durch Kilbasan hindurch (Tanken, Wasser!), und biegen nach 4,6 km von der geteerten Straße nach links, Westen, ab. Vor uns halb rechts sehen wir das ausgedehnte, hohe Massiv des Kara Dag, auf einem benachbarten Gipfel einen Fernsehsender. Zunächst verläuft der Weg gerade, um sich dann, wenn wir am Fuß der Berge sind, in mehreren Serpentinen hoch zum Turm zu winden. Etwas fahrerisches Geschick ist hier vonnöten, vor allem dann, wenn der Weg noch nicht von heruntergeschwemmtem Geröll befreit ist. Nach 13 km ab Hauptstraße sind wir oben angekommen und lassen den Wagen bei der Abzweigung zum Sender stehen.

Im Osten befindet sich der Gipfel des Mahaliç mit den byzantinischen Bauwerken und den zwei späthethitischen Inschriften auf der Nordseite, unmittelbar östlich der Kirche in einem sogenannten »Korridor«. In einer guten halben Stunde sind wir oben, der kalte Wind treibt uns voran.

Die erste Korridorinschrift besteht nur aus dem Namen Hartapus und seinem Titel, die zweite, längere, befindet sich schräg gegenüber der ersten, auf der Nordseite. Sie beginnt mit »in diesem (unserem) Berglande«,[7] weiter folgt die Nennung des Wettergottes Tarhu(nt) mit schmückenden Beiwörtern.[8]

Kara Dag: Die längere Inschrift
(nach: S. Alp, FS Güterbock, Abb. 18)

Die Felsinschrift auf dem Gipfel des Kara Dag

Die Heiligkeit des Kara Dag rührt lt. Sir W.M. RAMSAY von den großen Kraterlöchern, die tief in die Erde führen und die Menschen der göttlichen Natur nahebringen.[9])

Gertrude L. BELL beschreibt die Gebäude, die sie und RAMSAY 1909 auf dem Mahaliç gesehen haben, folgendermaßen:[10]) Die Bauten bestehen aus einer großen kreuzförmigen Kirche mit einem Narthex[11]) und Exonarthex[12]), die wahrscheinlich dem Erzengel Michael geweiht ist, aus einer kreuzförmigen Kapelle und einem stark zerstörten Kloster des Heiligen Leo. Mit der Kapelle und dem Kloster ist die Kirche durch niedrige Durchgänge aus Stein verbunden. Westlich der Kirche befindet sich eine gemauerte Zisterne oder ein Speicher mit quadratischer Öffnung.

Die Gegend wies eine Vielzahl von Kirchen auf, so daß sie im Türkischen auch »Binbirkilise« (Tausendundeine Kirchen) genannt wurde. Schon 1826 hatte Léon de LABORDE sie bereist[13]), und im Jahre 1900 hatte J.W. CROWFOOT zusammen mit J.I. SMIRNOV die Bauten aufgenommen. CROWFOOT beabsichtigte, ein zweites Mal dorthin zu fahren, doch die Quarantäne hielt ihn in Ägypten fest, so daß er den Gedanken fallen ließ und den »fragmentarischen Bericht« Josef STRZYGOWSKI zur Publikation übergab.[14]) CROWFOOT beklagt ebenso wie RAMSAY und BELL, daß von vielen Gebäuden kaum mehr ein Stein auf dem anderen stehe.

RAMSAY identifiziert Binbirkilise bzw. den Ort Madensehir mit dem antiken Barata, einem Ort, von dem wir nur wissen, daß er in römischer Zeit Münzen prägte und daß er zwischen 325 und 692 n.Chr. Bischöfe zu einigen Konzilen ausschickte.[15])

Diese frühen Christen haben hier die Heiligkeit des Kara Dag wiederaufleben lassen und die hethitische Kultstätte mit einer Kirche gekrönt. »In Anatolien ist das Brauchtum stärker als alles andere. Eroberer kommen und gehen, Sieger bleibt am Ende immer das Land.«[16])

Die Basilika auf dem Kara Dag (1986)

*Die Basilika auf dem Kara Dag
(Photo von Ramsay, Binbirkilise, 1909)*

Der »Korridor« auf dem Kara Dag, rechts die hethitische Inschrift (Photo nach Ramsay, Binbirkilise, 1909)

Der Gipfel des Mahaliç ist im Winter monatelang mit Schnee bedeckt; das Leben der Mönche zu dieser Jahreszeit muß erbärmlich gewesen sein. Aber schließlich geschah das alles um der höheren Ehre Gottes und der eigenen Seligkeit willen, dafür war kein Opfer zu groß. Und zur selben Zeit etwa wuchs im Eremiten- und Mönchtum die Frauenverachtung und wurde u.a. von Augustin die religiöse und sittliche Minderwertigkeit der Frau formuliert. Seltsame Blüten wuchsen in der Einsamkeit der Berge.

Der thronende Hartapus auf dem Kizil Dag

(8) Das Königsbild und die Inschriften auf dem Kizil Dag

Die gesamte Anfahrt ist äußerst staubig, die feinen Partikel dringen überall durch. Hier gilt es, eine alte orientalische Binsenweisheit zu beherzigen: *Je höher die Geschwindigkeit, desto geringer die Wahrscheinlichkeit, daß der mehlfeine Staub durch alle Ritzen dringt. Bei Tempo 90 und schneller hat der Staub dann nicht die geringste Chance mehr.*

Wir können den Kizil Dag auf drei Wegen erreichen (s. Skizze). Wenn Sie meiner eingangs ausgesprochenen Empfehlung gefolgt und zuerst auf den Mahaliç gestiegen sind, dann fahren Sie jetzt auf dem schmalen Weg bergab weiter. Rechterhand sehen Sie einen riesigen vulkanischen Krater, dessen Ende Sie nach knapp 5 km erreichen. Nach 7,4 km ab Parkplatz unterhalb des Fernsehturms zweigt links ein Weg ab, Sie fahren geradeaus. Bei km 10,4 kommen Sie nach Üçkuyuköy, bei km 11,8 biegen Sie links ab, geradeaus geht es nach Madensehir (2 km; über diesen Ort können Sie auf dem Rückweg nach Dinek(köy) - ca. 10 km - zur Hauptstraße Karapinar-Karaman zurückfahren. Das wäre dann in umgekehrter Richtung die zweite Anfahrt zum Kizil Dag, unter Aussparung des Kara Dag.)

Sie biegen also links ab und sehen nach 9,5 km ab Abzweigung das Dorf Süleymanhaciköy, das Sie in einer weiten Schleife links, im Uhrzeigersinn umfahren. Zur Rechten liegt ein kleinerer verschilfter See, der Açigöl (Bittersee). Von hier sind es noch 5,4 km nach Adakale, dem Dorf, das dem Kizil Dag am nächsten liegt. Fahren Sie aber nicht in den Ort hinein, sondern halten Sie sich an einen Feldweg links, der sich der Kuppe von Osten nähert und im Norden, in der Nähe des großen Schilfsees endet.

Die dritte Möglichkeit, den Kizil Dag zu erreichen, diesmal von Süden, von der Fernstraße Konya-Karaman her: 8 km vor dem Ortsanfang von Karaman zweigt in nördlicher Richtung eine Schotterstraße mit Wegweiser »Mesudiye« ab (nicht mit der Abzweigung nach »Mecidiye«, einige Kilometer weiter westlich, verwechseln!).

5,5 km ab Abzweigung erreichen Sie Mesudiye. Sie halten sich weiter auf der Schotterstrecke, überqueren bei km 13,4 die

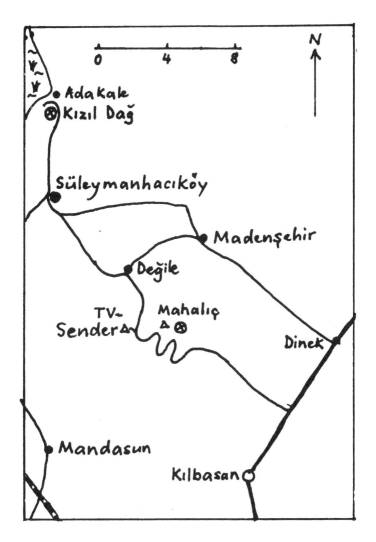

Die drei Zufahrten zum Kizil Dag und die Anfahrt zum Kara Dag (Mahaliç)

Bahnlinie, fahren durch Mandasun (18,6 km) und Kisecik (21,4 km), bei km 27,4 kommt eine Hochspannungsleitung, bei km 28,1 das Dorf Ortaoba, bei km 31,0 erreichen Sie Süleymanhaciköy, das Sie rechts liegen lassen. Rechterhand taucht ein kleinerer Schilfsee auf, links steht vor Ihnen schon die Kuppe des Kizil Dag.

Kurz vor Adakale, dem nächsten Dorf, bei km 35,6 biegen Sie links in einen kleineren Feldweg ein und umfahren jetzt die Nordseite des ehemaligen Vulkans entgegen dem Uhrzeigersinn, bis es nicht mehr weiter geht. Lassen Sie Ihren Wagen hier

Kizil Dag: Die Felsnadel mit dem Königsthron

stehen und gehen Sie weiter zwischen dem großen Schilf-see und dem Kizil Dag,[17]) bis Sie den zweiten heraus-ragenden Felsen sehen. Klettern Sie jetzt schräg hoch zu der Felsnadel, die aus der Westflanke des Bergkegels ragt. Der Aufstieg dauert etwa eine halbe Stunde, er ist mühsam, das lose Geröll und die großen Felsbrocken rutschen ständig unter den Füßen weg. Ein Ende des großen Schilfsees ist weder nach Norden noch nach Westen zu erkennen.

An dieser Felsnadel wurde durch senkrechte und waagerechte Abarbeitung des Trachytfelsens ein »Thron« geschaffen. An die waagrechte, begehbare Fläche schließt sich die Lehne des Throns an, die das geritzte Bild eines sitzenden Mannes darstellt.

Der Kopf wird im Profil gezeigt, das Auge en face, wie in der Großreichszeit üblich. Haupthaar- und Barttracht weisen indes auf assyrische Beeinflussung hin. Eine Datierung in die Zeit des Großreiches ist somit ausgeschlossen. Die Beischrift zwischen Kopf und Szepter ist als Relief ausgebildet. Der Schaft des

Der thronende Hartapus auf dem Kizil Dag
(nach: S. Alp, FS Güterbock, Abb. 8)

Szepters ist eingeritzt, das obere Ende steht wiederum im Relief. Die Schale in der rechten Hand dient zur Entgegennahme der Verehrung. Dieses Gefäß mit dem niedrigen Rand erinnert Kurt BITTEL an urartäische Beispiele vom Ende des 9. bis zur Mitte des 8. Jahrhunderts.[18])

Von der begehbaren waagerechten Fläche ist heute nur noch etwa die Hälfte vorhanden. Auf einem abgestürzten Teil ist die sogenannte »kleine Aedicula« eingeritzt. Wir finden den Block in Fallinie etwa 15 m unterhalb des Thrones. Die Inschrift blickt zum See, schräg nach unten. Über dem Namen Hartapus, der von den Zeichen für »Großkönig« flankiert wird, »schwebt beschirmend die Flügelsonne als Symbol der nominell höchsten Gottheit. Das war bei den Hethitern der Sonnengott, auf den sich die Selbstbezeichnung der Majestäten "meine Sonne" bezog. De facto waren die Sonnengöttin von Arinna und der "Große Wettergott von Hatti" höchste Reichsgottheiten: sie vergaben und schützten das Königtum.«[19])

Verfolgt man die Photos und Skizzen vom Thron über die letzten Jahrzehnte hinweg, so sieht man, daß im Laufe der Zeit immer mehr Teile aus dem großen Mittelstück herausgebrochen sind. Schatzsucher sind in dieser Hinsicht unbelehrbar, jedoch sehr gelehrig, was den Gebrauch von Dynamit betrifft.

Ungefähr 150 m südöstlich des Thrones befindet sich die sogenannte Treppeninschrift, die, wie man jetzt herausgefunden hat, nichts mit einer Treppe zu tun hat. RAMSAY hatte noch angenommen, die drei Stufen würden zum Eingang der hethitischen Befestigung führen,[20]) deren Mauerreste man ca. 15 m links oberhalb der »Treppe« erblickt. Heute sieht man in dieser Treppe die Überreste eines gestuften Altars. Rechts davon sehen wir die gut erhaltene Inschrift, über ihr eine Mulde mit Zu- oder Ablaufrinne, die möglicherweise der kultischen Reinigung diente.[21])

J. BÖRKER-KLÄHN sieht den Kizil Dag als Wohnstatt der Wettergötter. »Der ebenfalls göttlich gedachte Thron wiederum war den Hethitern Symbol für die Abhängigkeit des Königtums vom Wettergott. Auch diese Vorstellungen blieben also über den Untergang des Hethiter-Reiches 1197 hinaus gültig: der Kizil

Dag ist eine in Stein gehauene Weltanschauung und Staatsauffassung; hier manifestiert sich in Blitz und Donner der oberste Staatsgott, hier wurde er verehrt, an dieser Stätte hängt das Königtum seines irdischen Stellvertreters.«[22]) So sehen wir auch nicht den König, sondern den Oberpriester Hartapus als Substitut des Wettergottes abgebildet.

Pietro MERIGGI hält den Text der Inschrift für nahezu unverständlich, obwohl er fast gänzlich erhalten ist. Dennoch glaubt er den Namen des Landes der Muschki lesen zu können,[23]) wobei mit »Muschki« die Phryger gemeint sind. Solche Berührungen mit Phrygern sind Ende des 8. Jahrhunderts in diesem Raum immerhin naheliegend (s. *Ivriz Nr. 12*). Der Stufenaltar ist »ein charakteristisches Möbel im phrygischen Siedlungsbereich«.[24])

Die Abbildung des thronenden Königs mit dem deutlich erkennbaren nordsyrischen bzw. assyrischen Einfluß macht eine Entstehungszeit vor der Mitte des 9. Jahrhunderts unwahrscheinlich, die dargestellte Mode der Haar- und Barttracht ist zwischen den assyrischen Königen Sargon (721-705) und Assurbanipal (668-629) zu beobachten. Die Kopfbedeckung mit den hochgeklappten Seitenwangen weist auf ähnliche Denkmäler um das Jahr 710 hin.[25])

Einige Archäologen neigen zu einer höheren Datierung und hoffen, »daß Hartapus eines Tages durch Neufunde sicherer eingehangen werden kann.«[26]) So glaubt Hatice GONNET aus paläographischen Gründen, daß die Inschriften nicht später als um das Jahr 1000 etwa entstanden sein können,[27]) ohne den möglichen Einwand, sie könnten bewußt archaisierend sein, ernsthaft in Betracht zu ziehen. Auch die Existenz der Mulde in der Nähe des Altars ist für sie ein Hinweis auf eine höhere Datierung.

Am schmalen Rand der waagerechten Fläche des Thrones, zum Berg hin, sind heute noch fünf Paar Umrisse menschlicher Füße mit einer zweizeiligen griechischen Inschrift zu finden: »(Ich), Krateros, des Ermokrates Sohn, (ich), der Priester, bin gesprungen.« J. BÖRKER-KLÄHN sieht einen hellenistischen Priester »am Thron des Hartapus einen orgiastischen Tanz« ausführen; die Buchstabenformen würden in das 2. vorchristliche Jahrhundert deuten. Und sie fragt, ob hier nicht »unter der Hülle der griechischen Sprache noch im Hellenismus eine uralte Tradition lebendig« gewesen sei.[28])

Wie wir vom Fernsehsender entlang des Kraterrandes abwärts in Richtung Kizil Dag fahren, stoßen wir auf eine Herde von etwa 20 Kamelen, die gleich uns langsam hinunter zieht. Eines der Tiere hat ein Bein vom Knie abwärts bandagiert, es geht nur auf drei Füßen und gerät deshalb am meisten in Panik, als es uns zuerst hört und dann auch sieht. Wir müssen also in der Nähe einer Vogelscheuche warten, bis sich die Herde entfernt und einen Ausweg gefunden hat. Lange überlegen wir, welchen Sinn wohl der Vogelschreck in dieser unwirtlichen Gegend haben mag.

Da kommt als weitere Ablenkung das Problem eines Pillendrehers gerade recht, und wir machen sein Problem zu dem unsrigen. Unbeirrbar versucht der stahlblaue Käfer, im Rückwärtsgang seine Kugel bergauf zu rollen. Wenn er eine knappe Spanne geschafft hat, entwischt ihm seine Murmel wieder und rollert ein Stück bergab, aber immer nur so weit, daß er sie in ein paar Minuten wieder findet. Kurzentschlossen nehmen wir das Schicksal seiner Kinder in unsere Hand und tragen Kugel und werdenden Vater (oder Mutter?) auf eine ebene Fläche. Die Kamelherde hat inzwischen den Weg verlassen.

(10) Die kopfstehende Inschrift von Mamasin

Die hieroglyphenhethitische Inschrift beim Dorf Mamasin am Berg Burunkaya wurde 1971 von Oguz Demir TÜZÜN entdeckt und 1974 von Sedat ALP zum ersten Mal publiziert.[31])

Wir fahren auf der Hauptstraße von Aksaray nach Nevsehir in östlicher Richtung, bis wir nach gut 10 km auf den Wegweiser »Ihlara« stoßen, der nach Süden zeigt. Wir folgen ihm, überqueren im engen Bogen den fischreichen Fluß Mamasin und fahren durch das Dorf Gücünkaya hoch. 0,4 km nach dem Ortsendeschild zweigt nach links ein schmaler Feldweg ab. Dort biegen wir ein und holpern 2,2 km zunächst an Gemüseäckern vorbei, bis sich der Weg gabelt. Hier halten wir uns rechts und fahren noch einmal ca. 500 m in Richtung auf die Baumreihe unten am Bach. Jetzt lassen wir den Wagen stehen und laufen zu Fuß weiter.

Von der Mitte der gekrümmten Baumreihe aus gehen wir fünf Minuten in Richtung der auffälligen Felsnase direkt hoch, etwas rechts dieser Linie befindet sich die Inschrift am Südhang[32] des felsigen Hügels von Burunkaya. Der massive Block kann nicht an seiner ursprünglichen Stelle liegen, da die Inschrift kopfsteht.

S. ALP nennt als mögliche Lesungsmöglichkeit: »Diese Berglandschaft hat der Großkönig Hartapus, der ... des Wettergottes, der Sohn (?) des Großkönigs Murschili unter (?) seine (?) Herrschaft (?) gebracht (?).«[33] Damit scheint erwiesen zu sein, daß der Herrschaftsbereich von Hartapus sich nicht nur auf das Gebiet rund um den Kara Dag beschränkte, sondern sich weiter nach Nordosten bis in das Gebiet des heutigen Aksaray erstreckte.

---

1) G.L. BELL/W.M. RAMSAY, The Thousend and One Churches (1909) 4.
2) Im August waren wir froh, einen gefütterten Anorak anziehen zu können!
3) H. GONNET schreibt ihn »Hartapusa«, K. BITTEL »Hartapus« in: Ancient Anatolia, Festschrift MELLINK (1986).
4) Diese Sonne wurde aus Ägypten übernommen; sie gelangt im II. Jahrtausend nach Syrien und ist um die Mitte des 14. Jahrhunderts ein wichtiger Bestandteil dynastischer Verlautbarungen des hethitischen Reiches.
5) Angabe der Herkunft. Abstammung.
6) G.L. BELL/W.M. RAMSAY (Anm. 1).
7) Hier will sich niemand über jemanden lustigmachen!
8) J. BÖRKER-KLÄHN, Vortrag in Nürnberg am 28.11.1986, Manuskript S. 12.
9) G.L. BELL/W.M. RAMSAY (Anm. 1) 20.
10) Ebda. 241 ff.
8) Westliche Vorhalle der christlichen Basilika.
12) Äußere, dem Narthex vorgelagerte Vorhalle einer Kirche.
13) L. DE LABORDE, Voyage de l'Asie Mineure I.
14) J.W. CROWFOOT in: J. STRZYGOWSKI, Kleinasien. Ein Neuland der Kunstgeschichte (1903) 1 ff.

15) G.L. BELL/W.M. RAMSAY (Anm. 1) 560. Gegen eine solche Gleichsetzung hat sich jetzt erst wieder ausgesprochen: G. LAMINGER-PASCHER in: Das lykaonische Koinon und die Lage der Städte Barata, Dalisandos und Hyde, Anzeiger der phil.-hist. Klasse der Österreichischen Akademie der Wissenschaften, 123. Jahrgang 1986 So. 10 (1987) 241.
16) G.L. BELL/W.M. RAMSAY (Anm. 1) 256.
17) Auf der türkischen Landkarte 1 : 200.000, Blatt G 7, ist der Berg als Kizilkale eingezeichnet.
18) K. BITTEL in: Ancient Anatolia, Festschrift M.J. MELLINK (1986) 106.
19) J. BÖRKER-KLÄHN (Anm. 8) 9.
20) G.L. BELL/W.M. RAMSAY (Anm. 1) 511.
21) Diese Mulden bzw. Schalensteine (oder »cup-marks«) sind im hethitischen Kleinasien bei Altären, Stadttoren und Bestattungsplätzen zu finden.
22) Ebda. 12.
23) P. MERIGGI, Athenaeum NS 42 (1964) 53.
24) J. BÖRKER-KLÄHN (Anm. 8) 17.
25) Ebda. 16.
26) J. VOOS, Brief v. 24.3.1986.
27) H. GONNET, Homo Religiosus 10, Festschrift P. NASTER (1984) 119.
28) J. BÖRKER-KLÄHN (Anm. 8) 20. H. GONNET berichtet dagegen nur kurz von einer »griechischen Inschrift merkwürdigen Inhalts«: (Anm. 27) 120.
29) K. BITTEL in: (Anm. 18) 108 f.
30) Ebda. 109.
31) S. ALP, Anatolian Studies Presented to H.G. GÜTERBOCK on the Occasion of his 65th Birthday (Festschrift GÜTERBOCK) (1974) 17 ff.
32) Nicht am Westhang, wie in: S. ALP (Anm. 30) 18 f.
33) Ebda. 20.

(11) Die kleine Frau von Keben

Das Bildnis befindet sich ca. 20 km nordwestlich Silifke, etwa 2 km von der Hauptstraße Silifke-Mut-Konya entfernt, über dem heutigen Dorf Keben am oberen Rande des Göksu-Tales. Es stellt eine nach rechts gewandte Frau von etwa 1,40 m Größe in reiner Profilansicht dar. Zum ersten Mal berichtete 1975 M. BELEN, der damalige Direktor des Museums von Silifke, über das Relief. Die erste und bisher einzige umfassende Publikation stammt von O. Aytug TASYÜREK[1]).

Wenn Sie von Norden, aus der Richtung Konya, kommen, fahren Sie hinter Mut durch den kleinen Ort Degirmendere. Kurz danach kommt links ein kleiner, leicht zu übersehender Wegweiser nach Keben (1 km), das östlich oberhalb der Straße liegt.[2]) Sie folgen ihm und fahren bis zur Moschee, wo Sie den Wagen stehenlassen.

Kommen Sie aus Silifke, von Süden her, so empfiehlt es sich, Keben rechts oben liegenzulassen und die Zufahrt von Norden, wie oben beschrieben, zu nehmen. Sie ist viel besser zu befahren als die von Süden her.

Im Çayhane können Sie noch einen Tee zu sich nehmen, bevor es an den steilen Aufstieg im Zickzack geht. Und wenn Sie jetzt noch einen Jungen als Führer gefunden haben, kann nichts mehr schiefgehen. Ganz leicht ist es nämlich nicht, den richtigen Pfad unter den vielen Möglichkeiten herauszufinden. Das Relief liegt nördlich des Dorfes, fast oben auf dem Plateau, über dem antiken Weg, und zwar ziemlich genau an der Stelle, wo der senkrechte Felsabsturz in eine um 45 Grad geneigte Schräge übergeht.

Die Frauenfigur befindet sich in einer 10 cm tiefen Nische, die etwa 1,00 x 1,50 m mißt und 4 m über dem Erdboden steht. Die Frau ist ca. 1,40 m groß. Sie geht nach rechts, mit ausgestreckten Händen.[3]) Wahrscheinlich hält sie in einer Hand einen Zweig. Ihr Haar ist mit einer Art Polos bedeckt, der in das lange Gewand übergeht. Dieses Gewand scheint für eine kultische Handlung bestimmt zu sein. Das Auge, en face abgebildet, ist mandelförmig, die Iris ist vertieft.

TASYÜREK meint, es sei schwierig, das Relief zu datieren; für eine stilistische Analyse würden die Merkmale nicht ausreichen. Da aber Kilikien während der Großreichszeit unter hethitischer Herrschaft stand, wie uns die Ausgrabungen von Tarsus und die Reliefs von *Hanyeri (Nr. 23), Hemite (Nr. 30)* und *Sirkeli (Nr. 31)* zeigen, könne eine Datierung in die Großreichszeit nicht gänzlich falsch sein. Das Fehlen jeglichen aramäischen Einflusses würde z.B. durch die Nase der Königin, die wie eine Verlängerung der Stirn wirkt, nur bestätigt.[4] M.J. MELLINK geht sogar noch einen kleinen Schritt weiter. Auch sie hält diese Epoche für wahrscheinlich, denkt dabei aber an die Großkönigin Puduhepa (die wir vom Relief in *Fraktin, Nr. 20*, kennen); sie stammt ja aus Kizzuwatna[5]), dem heutigen (und antiken) Kilikien.

K. KOHLMEYER hält 1983 eine genauere Datierung bei dem gegenwärtigen Kenntnisstand über die Kunst der luwischen Kleinfürstentümer im westlichen Kilikien aber für verfrüht.[6] 1988 sieht er, bestätigt durch neue Textfunde aus Bogazköy, »eine starke luwische Kontinuität in den südlichen Regionen ..., ähnlich der Situation in Kargamis...«[7] Es sei daher nicht richtig, »vom Fehlen aramäischer Einflüsse rückzuschließen auf eine Datierung in die Großreichszeit.« Keiner der Orte der Nachgroßreichszeit in diesem Gebiet sei bisher ausgegraben worden, die »materielle Kultur« mithin unbekannt und damit die Datierung schwierig. K. KOHLMEYER hat 1986 das Relief erneut aufgesucht, was ihn in seiner Ansicht, das Bild in das I. Jahrtausend zu setzen, nur bestärkte.

Die Vorgängerin der heutigen Straße soll oben am Relief vorbeigeführt haben. Sogar die Wegpflasterung ist in diesem Bereich noch gut erhalten.[8]) Ein Survey in der Nähe des Reliefs erbrachte keine hethitischen Siedlungsspuren. Ca. 300 m vom Bild entfernt fanden sich charakteristische Felsgräber und Keramikscherben aus römischer Zeit.[9])

Die hethitische(?) Göttin oberhalb von Keben

1) O.A. TASYÜREK, Türk Arkeoloji Dergisi 23,1 (1976) 99 ff. Diesem türkischen Archäologen verdanken wir auch die Kenntnis über einige neue neuassyrische Reliefs (s. E.P. ROSSNER, Die neuassyrischen Felsreliefs in der Türkei (1987)).

2) In der Großen Länderkarte 1:800000 Türkei, Östlicher Teil, RV Reise- und Verkehrsverlag (1988) ist der Ort an der Straße eingezeichnet.

3) Einen Grußgestus wie bei J. BÖRKER-KLÄHN, Altvorderasiatische Bildstelen und vergleichbare Felsreliefs, Baghdader Forschungen 4, (1982) 263 beschrieben, kann ich nicht ausmachen.

4) TASYÜREK (Anm. 1) 99 f.

5) M. MELLINK, American Journal of Archaeology 80 (1976) 267.

6) K. KOHLMEYER, Acta praehistorica et archaeologica 15 (1983) 102.

7) DERS., Brief v. 5.5.1988. Er sieht »die nächsten Parallelen der Figur im "Traditionellen Stil" von Kargamis (vgl. AKURGAL, Kunst der Hethiter, Taf. 114).« AKURGAL datiert dieses Orthostatenrelief recht großzügig in die Zeit zwischen 1050 und 850.

8) Mir ist unverständlich, warum man nicht auch in alter Zeit den weitaus weniger beschwerlichen Weg durch das Göksu-Tal genommen hat. So wie auch »unser« Kaiser Barbarossa, kurz bevor er 1190 im Göksu (dem antiken Kalykadnos) ertrank.

9) TASYÜREK (Anm. 1) 100.

(12) Das Quellheiligtum von Ivriz

Das Dorf Ivriz (1985 in Aydinkent[1]) umbenannt) am Nordhang des Taurus-Gebirges ist 16 km südöstlich von Eregli, das etwa auf halber Strecke zwischen Konya und Adana gelegen ist. Bei diesem Ort befindet sich das neben *Eflatun Pinar (Nr. 6)* und *Sipylos (Nr. 1)* dritte eindeutige Quellheiligtum.

Auf dem über 6 m hohen, sehr gut erhaltenen Relief sehen wir einen König, wie er vor einem riesigen Gott adoriert. Außer dieser großen Darstellung gibt es noch oben in den Bergen eine ähnliche Darstellung ohne Inschrift sowie eine Opferszene aus späterer Zeit gleich hinter dem Dorf.

In Eregli (1020 m) halten wir uns an den gelben Wegweiser und folgen der anfangs geteerten Straße. Linkerhand sehen wir eine neue Talsperre. Wir fahren immer den Fluß entlang, erreichen das Dorf Aydinkent (Ivriz) und stellen den Wagen bei der kleinen Brücke über den Ivriz-Bach im Schatten des großen Baumes ab. Hinter der Brücke rechts betreten wir das eingezäunte Gelände der Sümer-Bank. Hier wird der Fluß zur Stromgewinnung und zur Bewässerung gestaut und gleich beim Stauwehr sehen wir an einer Felswand das große Bild. Hier von einem Quellheiligtum zu sprechen, liegt auf der Hand: Etwa 40 m oberhalb des Dorfes entspringt der Ivriz einer Felsspalte, man sieht, wie das Wasser dort mit starkem Druck herausgepreßt wird.

Lange Zeit glaubte man, der Forschungsreisende Jean OTTER habe es 1736 entdeckt und darüber geschrieben.[2]) Der Schwede OTTER (1707–1748) wurde nach seiner Konversion zum Katholizismus Franzose. Er durchquerte in offizieller Mission Kleinasien, um die arabische, türkische und andere Sprachen zu lernen. Darüber hinaus sollte er herausfinden, welche Maßnahmen ergriffen werden müßten, um den Handel zwischen Frankreich und Persien wieder in Gang zu bringen. In seinem Werk »Voyage en Turquie et en Perse«, das 1748, im Jahre seines Todes, in Paris erschien, erwähnt er das Felsrelief von Ivriz. Seitdem dichten ihm fast alle einschlägigen Autoren die Entdeckung von Ivriz an.[3]) Dabei ist die erste Beschreibung durch Haci HALFA rund hundert Jahre älter.

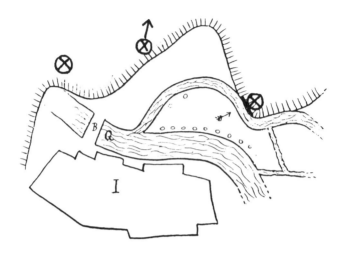

Lageskizze von Ivriz (nach Messerschmidt, CIH)

BIER meint,[4]) daß DELAPORTE 1937 über die erste neuzeitliche Entdeckung des Reliefs durch Haci HALFA berichtet hat, doch schon MESSERSCHMIDT verdankte rund 40 Jahre früher die Beschreibung »einem liebenswürdigen Hinweis des Herrn Dr. HALIL Bey«[5]), daß nämlich schon der Geograph Haci HALFA, gen. KIATIB CELEBI (1590—1656), in seinem Werk »Cihan Numa«, der »Spiegel der Welt« (2. Auflage 1732, in französischer Übersetzung), über das Relief Bescheid wußte:

»Drei Stunden entfernt von Eregli und bei der vom Felsen entspringenden Quelle ist auf einem grossen Fels eine Menschenfigur abgebildet, welche das Monument des Ibrinos, des Herrschers und Grossen des noch immer Ibris heissenden Dorfes ist. Diese Figur ist so dargestellt, dass sie in der einen Hand ein Bündel von Getreideähren und in der andern Hand Weintrauben hält. Dies soll heißen, dass man den Weingärten und Getreidefeldern Aufmerksamkeit schenken soll.«[6]) - Das dürfte die älteste Erwähnung in der Literatur sein.

*König Warpalawas vor dem Vegetationsgott Tarhu
(Zeichnung nach: Messerschmidt, CIH, MVAG 5, 1900)*

Der erste Europäer, der Ivriz und das Relief aufgesucht und kopiert hat, war 1839 ein Major FISCHER in Begleitung MOLTKES. 1875 war Reverend DAVIS dort, 1882 wurde es von Ch. WILSON und RAMSAY wieder besucht, HOGARTH und HEADLAM folgten 1890. Diese waren auch die ersten, die eine wenn auch unscharfe Photographie anfertigten.[7])

Lassen wir einen Forschungsreisenden zu Worte kommen, der schon vor über 80 Jahren denselben Weg geritten ist. Hugo GROTHE schreibt am 13. September 1906 in sein Reisetagebuch[8]): »Nur 20 km SE. von Eregli, dem gegenwärtigen Endpunkt der Baghdadbahn, entfernt, ist heute der denkwürdige Ort (Ivriz) ohne große Anstrengung in zweieinhalbstündigen Ritt zu erreichen. Die Eintönigkeit der zentralanatolischen Hochebene wandelt sich allmählich, wenn wir uns dem Iwrisdagh, einem westlichen Ausläufer des kilikischen Taurus, nähern. Ein grüner Saum von Weiden und Platanen steht zuseiten des schnell dahinfliessenden Iwriz-ssu, dessen Wasserader wir bachaufwärts folgen. Die Ortschaft Iwriz, einem breiten Hügelrücken angebaut, hat nichts Anmutendes. Doch sowie man westlich in die benachbarte, etwa 1 km weite Talfurche abschwenkt, bietet sich den Augen eine entzückende Baumoase. Wir überschreiten eine Steinbrücke, die über den wirbelnden, selbst im September noch wasserreichen Bach setzt, und befinden uns in einigen Minuten am Fuß des Denkmalfelsens inmitten üppigsten Baumwuchses. Unser Zelt ist schnell mit Hilfe der herbeieilenden Bevölkerung aufgeschlagen.«

Etwas erhöht steht rechts ein König auf einem Podest und adoriert vor einer riesengroßen Göttergestalt, die sich durch die Ähren und Trauben in ihren Händen auch als Vegetationsgott zu erkennen gibt. Der Wettergott als Bringer der Fruchtbarkeit ist nicht mit dem Regen-, sondern mit dem Quellwasser verbunden.[9]) Und dieses Quellwasser fließt hier selbst im Hochsommer reichlich.

Zwischen dem linken Unterarm und dem Kopf des Gottes sehen wir eine Hieroglypheninschrift, im Rücken des Königs eine weitere. Schwieriger und nur bei niedrigem Wasserstand ist zu Füßen des Gottes eine dritte zu entdecken. Aus der Beischrift

*İvriz: König Warpalawas vor dem Wetter- und Vegetationsgott Tarhu
(2. Hälfte des 8. Jh.)*

ist zu entnehmen, daß es sich bei dem König um Warpalawas, König von Tuwanuwa[10]), handeln muß, den wir aus assyrischen und hieroglyphen-luwischen Quellen kennen. Weitergehende Lesungen sind bis jetzt nicht bekannt. Das Bild wird um 730 entstanden sein. Assyrische Annalen nennen den König als Zeitgenossen der Herrscher Tiglatpileser III. (745-727) und Sargon II. (721-705) und verzeichnen ihn als Tributleistenden im Jahre 742.

Wenn wir uns den Gott etwas genauer ansehen, wird uns in Gürtelhöhe (unterhalb des linken Ellenbogens) ein zu einer Spirale gebogener Vogelkopf auffallen, der den Knauf einer Waffe, vermutlich eines Schwertes, bildet.[11]) Das kleine Auge, der riesige Schnabel und der gekrümmte Hals seien, so R.D. BARNETT, eindeutig: Vermutlich handele es sich hier um einen Adler oder, was wahrscheinlicher sei, um einen Geier. Die Größe des Raubvogelkopfes soll eine mächtige und bedeutsame Waffe symbolisieren. Doch warum dieser Vogelkopf zur restlichen, verhältnismäßig naturalistischen Darstellung in so scharfem Kontrast steht, bleibt für BARNETT ein Geheimnis, wie er selber zugibt. Für möglich hält er einen Einfluß »nomadischer Kunst« in Anatolien zu jener Zeit.[12])

Auch in der Inschrift von *Bulgarmaden (Nr. 13)* taucht der Name Warpalawas auf.[13]) Wenn man die geographische Verteilung seiner von ihm hinterlassenen Monumente überschaut, kann man annehmen, daß sich sein Herrschaftsbereich in etwa mit der heutigen Provinz Nigde deckt. Seine Regentschaft dauerte mindestens von 738−710.[14])

»Anders als die übrigen sog. späthethitischen Fürstentümer hat Warpalawas die Tradition monumentaler Felsreliefs der Zeit des hethitischen Großreiches aufgegriffen; ob nur durch noch sichtbare Beispiele angeregt oder auch in voller Einschätzung der Bedeutung solch großer Werke, kann man nicht entscheiden.«[15]) Auf jeden Fall ist es dem »kleinen König« letztlich gelungen, seine großreichszeitlichen Vorbilder an Größe zu übertreffen.

Zu den Phrygern im Westen bestehen ebenfalls Beziehungen: Der König Mita von Muski, der wohl mit dem König Midas von

König Warpalawas hebt adorierend die Hand

Phrygien identisch ist, und Warpalawas hatten Botschafter zum assyrischen Herrscher ausgesandt. Es scheint, als hätten das phrygische und das späthethitische Reich den Assyrern gegenüber zur Zeit Sargons eine gemeinsame Politik verfolgt.[16]

Auch epigraphisch sind phrygische Spuren so weit im Osten, abseits vom Kernland gesichert: 1895, 1906, 1907 und 1982 wurden schwarze Steinbruchstücke (aus Basalt?) entdeckt, die in der alphabetischen altphrygischen Schrift, wie sie zur Zeit des Midas von Gordion gebräuchlich war, beschriftet sind. Diese Steinbrocken passen zusammen und würden wohl zusammengefügt einen Block ergeben, den sog. »schwarzen Stein von Tyana«, wenn nicht zu Anfang dieses Jahrhunderts einige dieser Steine ebenso spurlos wieder verschwunden wären.

Glücklicherweise war man damals schon so vorsichtig und fertigte gleich nach der Auffindung Photographien an.[17] Dennoch bereitet die Lesung immer noch große Schwierigkeiten, von einer Übersetzung ganz zu schweigen, weil nicht einmal die Art der Rekonstruktion des Blockes klar ist.

Wir können aber annehmen, daß das steinerne Dokument auf Geheiß des phrygischen Königs Midas geschaffen wurde, während er sich in Tyana als Verbündeter des Lokalherrschers Warpalawas aufhielt. So spricht vieles, was wir heute über die beiden Reiche wissen, von einer wechselseitigen Beeinflussung. Vielleicht kann die weitere Untersuchung der Schriftfragmente klären, ob die Stele den örtlichen Göttern gewidmet war oder als historisches Dokument zu gelten hat.[18]

BITTEL glaubt in der Anbetungsszene des großen Reliefs »noch etwas vom Geiste des Großreiches zu verspüren«[19], obwohl sie schon sehr stark von assyrischen Elementen überlagert ist, wie die Haar- und Barttracht mit den Spirallocken zeigt; AKURGAL spricht hier von einem »aramäisch-hethitisierenden Stil«[20]. Die Mütze des Gottes und die Art, wie die Hörner[21] an der Mütze angebracht sind, sind aramäische Elemente, ebenso die Kleidung des Königs, die der neuesten Mode entspricht. Auch die Profile der beiden Gestalten mit ihren stark gebogenen Nasen weisen auf eine aramäische Darstellung hin.[22]

Die oben schon genannte Verbindung zu den phrygischen Nachbarn im Westen drückt sich auch im geometrischen Muster der Königsrobe aus, im Gürtel und in der Gewandfibel. Diese ähnelt denen, die in Gordion, der Hauptstadt des Phrygerreiches, im Tumulus des Midas gefunden wurden.

Der König von Tyana muß sich in dieser phrygischen Verkleidung wohl sehr gefallen haben, vielleicht wollte er auch dem phrygischen Herrscher schmeicheln. Denn es ist durchaus möglich, daß es sich bei dem phrygischen Gewand um ein Gastgeschenk des Midas an Warpalawas handelt.

Das zweite Relief oben im Bergeinschnitt Ambarderesi hat dieselbe Thematik wie das unten am Fluß, doch ist bei seinem ziemlich schlechten Erhaltungszustand wohl kaum mehr festzustellen, ob es jemals eine Inschrift besaß oder nicht. Die Ausführung scheint roher zu sein, möglicherweise ist es auch nicht ganz vollendet. »Rätselhaft ist das Verhältnis der Ambarderesi-Replik zum Warpalawas-Bild am Gebirgsrand.«[23]) Es gibt m.W. kein weiteres Relief mit einer »Kopie«.

Zur knapp einstündigen Bergwanderung empfiehlt es sich, wegen des gegen Ende steilen Aufstiegs[24]) möglichst früh am Tag aufzubrechen. Wir klettern vom aufgestauten Ivriz aus im rechten Winkel hoch bis zum Sattel, gehen den Sattel wieder einige hundert Meter abwärts, dabei lassen wir rechterhand eine nicht näher bekannte Ruine liegen, wahrscheinlich sind es die Überreste der byzantinischen Festung[25]), die Gertrude L. BELL in ihrem Tagebuch von 1907 knapp erwähnt.[26]) Ein Stück weiter sehen wir links ein eingeschnittenes Felstal, auf dessen rechter Seite sich ein großes, natürliches Felstor befindet; wir haben es schon von weitem gesehen. Wir biegen nun ab in Richtung dieses Tales, klettern es hoch, bis wir links wieder einige Ruinen sehen, Reste von zwei Kirchen; in ca. 3 m Höhe entdecken wir noch Überbleibsel von bemaltem Putz auf Ziegelsteinen.

Ein »Herr Dr. HERZFELD aus Mersina«[27]) spricht von einem »engen Felsenkessel, Ambar deresi genannt, an dessen senkrechten Wänden die Ruinen von 4 kleinen, interessanten Kirchen wie Vogelnester kleben. Viel ist von ihnen nicht erhalten, doch das Erhaltene noch gut imstande.«[28])

Auf der anderen, rechten Seite sehen wir jetzt das Relief, das deutliche Verwitterungsspuren aufweist. Knapp unterhalb der mutmaßlichen Kirchenruinen führt eine Höhle ziemlich tief in den Berg hinein. (Bewaffnen Sie sich evtl. mit einer Taschenlampe; unser Führer hatte eigens eine Fackel mitgenommen.) Der erste Raum der Höhle soll als Kapelle ausgebaut gewesen sein.[29])

Außer dem Relief unten am Fluß und der Replik oben in den Bergen gibt es in Ivriz ein weiteres, kleineres Relief. Es befindet sich stromaufwärts, ca. 100 m vom großen Relief entfernt und etwa 15 m über dem Weg. (Sie passieren die Brücke und wenden sich nicht nach rechts zum Warpalawas, sondern gehen die 20 m halblinks den Fels hoch) Dieses nahezu senkrechte Relief, das auf einem fünf bis zehn Zentimeter tiefen Sockel steht, ist viel grober als das Hauptrelief ausgeführt und von anderer Thematik: Ein Mann im kurzen Rock führt ein Tier nach rechts; sie folgen einem Mann mit langem Gewand, dessen obere Hälfte fehlt, da der Fels dort schräg von links oben nach rechts unten abgebrochen ist. Erst 1972 wurde dieses Relief von einem Dorfbewohner entdeckt[30]), was angesichts der Dorfnähe eigentlich verwundert.

Um was für ein Tier es sich hier handelt, ist unklar, ebenso sein Geschlecht. Sein Körper ist gestreckt, die Beine sind verhältnismäßig kurz, der dicke Schwanz reicht fast bis zum Boden. Von den Proportionen her könnte man an ein Pferd oder sogar an einen Hund denken, es ist aber auch möglich, daß der Künstler an einen Stier dachte: Was ein Ohr sein könnte, ist wohl eher ein Horn, das leicht zweifach geschwungen ist.[31])

Der Mann, der das Tier führt, steht daneben. Seine linke Hand berührt das Horn, die rechte ruht auf der Kruppe. Sein gedrungener Körper steht auf übergroßen Füßen. Der Kopf ist im Profil dargestellt, das dichte Haar liegt auf der rechten Schulter, es endet in einem Knoten oder einer Locke.

Das ganze Relief ist sehr flach gearbeitet, max. einen Zentimeter tief. Mit Ausnahme der nahezu plastischen Locke ist es in einer Ebene abgebildet, möglicherweise ist es in der Bosse stehengeblieben. Eine Beischrift fehlt.

*Zweites Relief oberhalb des Baches
(nach: JNES 35, 118)*

Es liegt nahe, in dem Bild eine Opferszene zu sehen: die Gottheit ist hier nicht dargestellt, sondern persönlich anwesend. Vor dem Relief ist eine kleine freie Fläche, zu der Stufen führen. Das alles erinnert an phrygische Altäre, doch scheint M.J. MELLINK eine Ähnlichkeit mit phrygischen Monumenten zu weit hergeholt.[32])

Wie wir im Frühjahr nach Ivriz kommen, ist es für den Aufstieg zum zweiten Relief oben in den Bergen schon zu spät. Wir fragen die Leute aus dem Haus in dem eingezäunten Gelände, ob wir hier unseren Minibüs über Nacht hinstellen können. – Selbstverständlich! - Wir suchen uns einen Platz, der am Vormittag im Schatten liegt (und außerdem noch leicht abschüssig ist, weil bereits seit Bulgarien der Anlasser beharrlich streikt) und gehen dann ins Dorf zurück, um für das Abendessen noch etwas Brot zu kaufen. Einen Gemischtwarenhändler gibt es hier schon, doch Brot verkauft er nicht. Hier bäckt jedes Haus das dünne Fladenbrot (»yufka«) auf Vorrat selbst.

Also, Brot gibt es keines, aber im Bus ist ja noch Knäckebrot, so wollen wir wieder weiter. Doch wir haben nicht mit dem Krämer gerechnet, der uns kurzerhand zum Abendessen einlädt. Er sperrt seinen Laden zu und führt uns dann hoch in das

Wohnzimmer im ersten Stock, das offenbar auch als Schlafraum dient. An der Wand hängt eine doppelläufige Schrotflinte, von der Decke taucht eine etwa zwei Meter lange Neonröhre den Raum in gleißendes, kaltes Licht.

Es ist schon Nacht, als wir wieder zum Bus zurückkehren. Die junge Frau, die wir am späten Nachmittag um Erlaubnis gebeten hatten, kommt aus ihrem Haus und teilt uns mit, daß sie schon seit Stunden mit dem Abendessen auf uns gewartet habe, zeigt aber Verständnis dafür, daß wir beim besten Willen nicht zweimal zu Abend essen können und lädt uns stattdessen zum Frühstück ein. So gestärkt machen wir uns dann am nächsten Tag auf, um mit ihrem Mann als Führer zur Ambarderesi-Replik hochzusteigen.[33])

---

1) In Ivriz wurde in den dreißiger Jahren ein »autarkes Schulmodell« ausprobiert, das in etwa manchen unserer Waldorf-Schulen entsprach; zur rein schulischen Ausbildung kam eine handwerkliche. Mit dem Namen »Ivriz« hat man deshalb jetzt bei wiedererstarktem Geschichtsbewußtsein in der Türkei möglicherweise »Revolution« assoziiert, vielleicht erfolgte aus diesem Grund die Umbenennung. (Diese Information stammt von einem türkischen Lehrer; ich kann mich nicht für sie verbürgen, halte sie gleichwohl für glaubhaft.)

2) Diese Unstimmigkeit ist erst in dieser Auflage korrigiert.

3) L. DELAPORTE, Révue Hittite et Asianique 4, fasc. 25 (1937) 49.

4) L. BIER, A second hittite relief at Ivriz, Journal of Near Eastern Studies 35 (1976) 115 Anm. 1.

5) L. MESSERSCHMIDT, Corpus inscriptionum Hettiticarum, Mitteilungen der Vorderasiatischen Gesellschaft (1906) 5, 11. Jg., 2. Nachtrag, S. 5.

6) Zitiert nach: (Anm. 5).

7) L. MESSERSCHMIDT (Anm. 5) (1900) 4, 5. Jg., 30.

8) H. GROTHE, Meine Vorderasienexpedition 1906 und 1907 (1911/12) CCCLV.

9) W. ORTHMANN, Untersuchungen zur späthethitischen Bildkunst (1971) 241.

10) Tuwanuwa ist die hethitische Bezeichnung für den Stadtstaat, Tyana die griechische und Tuhana die assyrische, die phrygische ist uns noch unbekannt. Heute wird der nächstgelegene Ort Kemerhisar genannt, er ist in der Nähe von Bor, ca. 15 km südwestlich von Nigde.

11) R.D. BARNETT, in: Beiträge zur Altertumskunde Kleinasiens (1983), Festschrift BITTEL, H. HAUPTMANN (ed.) 60 ff.
12) Ebda. 61.
13) Er ist ebenso in der Stele von Bor abgebildet, die jetzt im Museum zu Istanbul steht.
14) J.D. HAWKINS, Anatolian Studies 29 (1979) 164.
15) K. BITTEL in: Griechenland, Ägäis und die Levante während der »Dark Ages« vom 12. bis zum 9. Jh. v.Chr., S. SEGER-JALKOTZY (ed.), Veröffentlichungen der Kommission für Mykenische Forschung 10 (1983) 35.
16) M.J. MELLINK, Midas in Tyana, in: Florilegium Anatolicum, Mélanges offerts à Emmanuel LAROCHE (1979) 250.
17) C. BRIXHE/M. LEJEUNE, Corpus des inscriptions paléo-phrygiennes, I: Texte (1984) 257 ff.
18) M.J. MELLINK (Anm. 16).
19) K. BITTEL, Die Hethiter (1976) 289.
20) E. AKURGAL, Die Kunst der Hethiter (1961) 103.
21) Hörner deuten bei assyrischen Kopfbedeckungen auf Götter hin.
22) E. AKURGAL (Anm. 20).
23) J. BÖRKER-KLÄHN, Altvorderasiatische Bildstelen und vergleichbare Felsreliefs, Baghdader Forschungen 4 (1982) 107 § 330.
24) Für so gut wie unmöglich halte ich deswegen die Deutung des Reliefs als Wegweiser. Selbst für Eselkarawanen ist dieser Weg in seiner Fortsetzung bergauf ungangbar. Er ist »sehr mühselig zu erklettern«: HERZFELD (Anm. 28).
25) Ein Photo ist in: Proceedings of the Society of Biblical Archaeology (1911) 15 Abb. 31 zu sehen.
26) G. BELL, Diary excerpt for Friday 19 July 1907, in: (Anm. 11) 73.
27) Es wird sich hier wohl um E. HERZFELD handeln, der zusammen mit W. ANDRAE an DELITZSCHs Expedition nach Assur (1903–06) teilnahm.
28) E. HERZFELD in einem Brief an L. MESSERSCHMIDT, in: Corpus inscriptionum Hettiticarum, 2. Nachtrag, Mitteilungen der Vorderasiatischen Gesellschaft (1906) 5, 11. Jg., 20.
29) Ebda.
30) L. BIER, A second hittite relief at Ivriz, in: Journal of Near Eastern Studies 35 (1976) 115.
31) Ebda. 119.
32) M.J. MELLINK (Anm. 16) 254.
33) Ein Führer ist nicht unbedingt erforderlich; mir sind Touristen bekannt, die nur mit meiner Wegbeschreibung dorthin gefunden haben.

(13) Die Felsinschrift bei Bulgarmaden

Die späthethitische Felsinschrift von Bolkar Maden, bis 1920 auch Bulgarmaden genannt,[1]) liegt etwa 30 km Luftlinie nordwestlich der Kilikischen Pforte, südlich der Straße Ulukisla-Çiftehan (Transitstrecke Adana-Ankara). Sie stammt von Tarhunasis, einem Verbündeten von Warpalawas.[2]) Dieser wiederum ist König des Kleinstaates Tyana; die Assyrer nennen ihn Urballa von Tuhana.[3]) Sein Bildnis ist uns vom großen Felsrelief in *Ivriz (Nr. 12)* bekannt.

Wenn Sie die Fernstraße aus Nigde oder Aksaray in Richtung Kilikische Pforte, Adana, fahren, passieren Sie hinter Ulukisla, 1,5 km vor dem Ortseingang Çiftehan, eine Wegtafel: »Polatli 19 km, Adana 130 km«. Kurz danach biegt nach rechts, Westen, eine kleine Straße mit Wegweiser »Ali Hoca 5, Maden 15« ab. Sie folgen dieser Straße bis Ali Hoca und versuchen jetzt am besten, einen Ortskundigen zu finden. Sie müssen jetzt noch einmal so weit fahren, das Relief befindet sich ca. 500 m rechts des Weges an einer Felswand.[4]) Ziehen Sie feste Schuhe an, Sie müssen klettern! Der Höhenunterschied soll etwa 400 m betragen.

Eine sehr genaue Karte des ganzen Tales haben F. KARAÖREN und E. DERINDERE gezeichnet[5]), allerdings stimmt durch die Verkleinerung der Karte mit den Zahlen der angegebene Maßstab nicht mehr. Die beiden, über 80 Jahre älteren Karten von William M. RAMSAY sind trotz kleinerem Maßstab genauso gut.[6]) MESSERSCHMIDT läßt die Inschrift nach Ostsüdost schauen[7]), während GROTHE schreibt, »sie steht nach Nordosten frei und befindet sich auf einem Bergesrücken«[8]). Die Inschriftfläche sei 1,5 x 1,25 m groß.

BOSSERT meint, daß es sich hier wie bei der Inschrift von *Sirzi (Nr. 26)* um eine Bergwerksinschrift handelt, d.h. sie befindet sich »auf dem Weg vom Bergwerk zur Siedlung. [...] Die Bergwerksbesitzer hethitischer Zeit, wohl immer Fürsten und Könige, wollten ihre Inschriften gelesen wissen und wählten als Inschriftenträger Felsen, an denen der Verkehr vorüberflutete.«[9]) Jedoch wendet GROTHE schon 40 Jahre vorher dagegen ein,[10]) daß der Verkehr sich wohl im Tal bewegt haben werde und nicht 400 m darüber. Außerdem würden sich andere Felsen besser zur Anbringung von Inschriften eignen.[11]) Er hält das Denkmal eher für ein Siegeszeichen.

Als Urheber der Inschrift gilt Tarhunasis, ein Vasall Warpalawas, König von Tyana, über den wir aus assyrischen Urkunden genaueres wissen. In dem Dokument heißt es sinngemäß, daß der Fürst vom König den Bolkardag mit seinen Mineralschätzen als Lehen bekommen hat.[12])

Die ganze Gegend ist spätestens seit der Eisenzeit für ihre Minen bekannt. Ortsnamen wie »Gümüs« (Silber) oder »Maden« (Erz) deuten auf diese Vorkommen hin. In »Bulgharmaden, einem reizvollen Hochalpendorf« stellt Hugo GROTHE 1908 fest, daß der »Bergwerksbetrieb ein äußerst primitiver« sei: »Eine mit hinreichendem Kapital und europäischen Arbeitsmethoden eingreifende Wirtschaft könnte mit ganz anderen Erträgnissen rechnen.«[13]) Die jährliche Ausbeute nur von Gold und Silber beziffert er mit knapp zwei Tonnen.

BOSSERT hält sogar das Gebiet für das wichtigste, bis mindestens ins 2. Jahrtausend zurückreichende Silberzentrum in der Türkei. »500000 Tonnen Schlacken (Schätzung eines Bergwerkfachmannes) zeugen von der Dauer und Mächtigkeit dieses Betriebes! Aber niemand will die Grabung finanzieren.«[14])

30 Jahre später, ab 1983, wird das Taurusgebirge und vor allem das Gebiet um den Bolkardag als Pilotprojekt von Türken und Amerikanern gemeinsam untersucht.[15]) In den ersten drei Jahren werden im 15 km langen Tal Schlacken gesammelt und archäologische Fundstellen lokalisiert und beschrieben. Die Erzbergwerke - über 800 - liegen vor allem an den Südhängen des Taurus, bis zu einer Höhe von 3000 m. Einige befinden sich in natürlichen Höhlen, die bis zu vier Kilometer in den Berg führen sollen.

Die frühesten Artefakten stammen aus dem Mittleren Paläolithikum, aus der Zeit der Sammler und Jäger während der letzten Zwischeneiszeit, vor rund 30.000 Jahren. Aus dem Neolithikum kommen Obsidian und Steinwerkzeuge, die an einer Terrasse über dem Taleingang gefunden wurden. Die Eisenzeit ist im Tal gut vertreten. Insgesamt werden 29 archäologische Fundstätten, vom Paläolithikum bis in die Zeit

29 archäologische Fundstätten, vom Paläolithikum bis in die Zeit der Türkischen Republik ausgemacht. Die meisten sind an Berghängen, an denen sich im Laufe der Zeit natürlich keine »Hüyüks« bilden konnten, oder die Bauten waren aus Holz, so daß sie erst jetzt entdeckt wurden.

---

1) Das Gebirge hieß »Bulgar Daglari«, so benannt nach bulgarischen Stämmen, die im byzantinischen Reich als stets kampfbereite Bergbauern angesiedelt wurden; sie mußten sich in den persischen und später in den arabischen Kriegen behaupten: D. SCHNEIDER, Eine eigenwillige Reise durch das Taurusgebirge (1982) 41.
2) R.D. BARNETT, Anatolian Studies 3 (1953) 92.
3) Zur Geschichte dieser Region s. Ivriz, Nr. 12.
4) Die Beschreibung fällt deswegen so oberflächlich aus, weil ich dieses Relief noch nie mit eigenen Augen gesehen habe, im Gegensatz zu allen anderen hier beschriebenen. Bei meinem vorerst letzten Versuch 1987 zog der Motor immer schlechter. Außerdem streikte der Anlasser, wieder einmal. So mußte ich hinter Ali Hoca unweit der Inschrift wieder umkehren, nachdem mich die Besatzung eines Dolmus wieder flottgemacht hatte.
5) K.A. YENER, The Archaeometry of Silver in Anatolia: The Bolkardag Mining District, in: American Journal of Archaeology 90 (1986) 471.
6) W.M. RAMSAY, The Geographical Journal 1903, Cilicia, Tarsus and the Great Taurus Pass. - Es kommt immer wieder vor, daß »uralte« Landkarten einen Vergleich mit den neuesten nicht zu scheuen brauchen.
7) L. MESSERSCHMIDT, Mitteilungen der Vorderasiatischen Gesellschaft 5 (1900) 28.
8) H. GROTHE, Meine Vorderasienexpedition 1906 und 1907 (1911-12) CCLXIV.
9) H.Th. BOSSERT, Archiv für Orientforschung 17 (1954/55) 61.
10) H. GROTHE (Anm. 8) CCLXV.
11) Dieser Gedanke drängt sich einem öfter auf, so in Sirzi (Nr. 26) oder Tasci (Nr. 21) z.B. Aber wie wollen wir erfahren, welche Kriterien nun wirklich für den Ort der Anbringung maßgeblich waren? Daran, daß die Reliefs die Ewigkeit überdauern sollten, dachten die Stifter bestimmt nicht.
12) H.Th. BOSSERT, Orientalia NS 23 (1954) 135.
13) H. GROTHE, Der Orient VI (1908) 3 f.
14) H.Th. BOSSERT (Anm. 9).
15) K.A. YENER (Anm. 5) 469 ff.

(14) Das große Felsdokument von Karapinar

Die bis jetzt umfangreichste, fast völlig erhaltene hieroglyphen-hethitische Inschrift wurde im Sommer 1908 von dem deutschen Hauslehrer in Istanbul Rudolf FRANZ entdeckt. Sie liegt südöstlich von Nevsehir und wird sowohl nach dem nahegelegenen Dorf Karapinar, als auch nach dem alten Ortsnamen Topada (heute: Açigöl) benannt.[1])

Aus dem etwa 5 m hohen Plateau, das mit einer langgezogenen Stufe abbricht, ragt ein halb aus der Wand gelöster Fels heraus, der auf der Ostseite geglättet ist.[2]) Diese Fläche und der Bruchquerschnitt sind mit einer übermannshohen achtzeiligen Inschrift versehen; die einzelnen Zeilen sind liniert.

Wenn Sie von Nevsehir in Richtung Aksaray, Konya fahren, biegt 16 km hinter Ortsende Nevsehir (bzw. 4,5 km vor Açigöl) ein Weg nach links, Süden, ab; Wegweiser: »Karapinar, Agilliköyü, Kurugöl«. Nach knapp 4 km durch Weingärten erreichen Sie Karapinar, halten sich bei der Moschee leicht rechts aufwärts und folgen der Telephonleitung. Noch vor den ersten Häusern des zweiten Dorfes biegen Sie im rechten Winkel rechts ab, von hier sind es noch 2,9 km bis zu der gesuchten Felsstufe. Der Weg endet hier. Linkerhand sehen Sie schon den auffälligen Stein, ein Stück rechts der Mitte.

Wassurma (Wasu-Sarmas), einziger uns bekannter Herrscher von Tabal, hat das Dokument hinterlassen, in dem er sich als »Großkönig, Held, Sohn des Großkönigs Tuwati(a), des Helden« einführt. Er ist ein Zeitgenosse Tiglatpilesers III. und muß ihm Tribut leisten.[3]) Auch hier, wie z.B. in *Suvasa (Nr. 15)* oder auf dem *Kizil Dag (Nr. 8)*, nennt sich der Dynast »Großkönig«, Jahrhunderte nach dem Fall des Großreiches. Kurt BITTEL meint dazu: »Es hat also hier im Gebiet zwischen Halys und Taurus eine Anzahl kleinerer Herrschaftsbereiche, zum Teil nebeneinander, zum Teil nacheinander, [...] gegeben, deren Häupter bewußt die Tradition der alten Zeit aufgegriffen haben ...«[4])

Die beschriftete Fläche nennt als erstes den Namen des Herrschers, seine Titel und seine Abstammung. Im Jahre 1954 sagt BOSSERT dazu:[5]) »Wenn wir die Topada−Inschrift noch

Die Felsinschrift (links) bei Karapinar

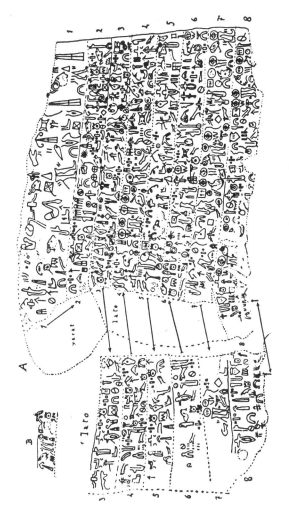

*Umzeichnung der großen Inschrift
(nach: RSO 32, 229)*

nicht völlig verstehen, so viel ist sicher, dass ihr Verfasser im ersten Teil von kriegerischen Unternehmungen spricht.« In der dritten Zeile liest er: »mit dieser Reiterei und mit dem gesamten Heere«. Im übrigen käme Wassurma noch an anderen Stellen der Inschrift auf seine Reiterei zu sprechen, während er das Heer, die Infanterie, nicht mehr erwähnen würde, für BOSSERT »ein Zeichen, wie sich die Zeiten wandelten«.

Zu einer völlig anderen Übertragung kommt 1949 H.E. DEL MEDICO.[6]) Sie liest sich wie ein kurzer Roman in einer uns völlig geläufigen Sprache, ohne Haken und Ösen. Er scheint sich dabei seiner Sache sehr sicher. Ein Verweis auf die Bilingue vom Karatepe fehlt natürlich. Für ihn ist die »Top-ada«-Inschrift *der* Schlüssel für die Entzifferung der Hieroglyphenschrift. Er datiert das »Schriftstück« in die Jahre um 714, eine Zeit, in der sich eine neue Bevölkerung, vermutlich mit Semiten aus Mesopotamien verwandt, in der Gegend niedergelassen hat.[7])

Doch J.D. HAWKINS, einem der wenigen zeitgenössischen Spezialisten von Rang, bereitet 30 Jahre später allein die Orthographie der Inschrift schon große Schwierigkeiten. Ebenso wie für *Suvasa (Nr. 15)* gilt laut HAWKINS für Karapinar: »bizarre, characterized by ill-executed linear incised sign-forms and a profusion of otherwise unattested signs and rare or aberrant syllabic values.«[8]) MERIGGI meint, die Inschriften von Suvasa und Karapinar seien archaisch und setzt daher die Regentschaft von Wassurma früher an.[9]) HAWKINS hält dagegen die Meinung von LAROCHE, der Stil sei lediglich archaisierend, für wahrscheinlicher.[10])

Aus der Zeit nach dem Niedergang des hethitischen Großreichs finden wir häufig archaisierende Inschriften, so z.B. auch auf dem *Kara Dag (Nr. 9)*. Die Inschriften wurden »auf alt frisiert«, d.h. die Urheber bedienten sich älterer, möglichst großreichszeitlicher Formen, um dem Leser klarzumachen, daß man es hier mit einem König oder Fürsten aus altem hethitischen Adel zu tun habe.

50 Meter westlich des Blockes findet 1955 BOSSERTS »Mitarbeiterin Frl. A. STRECKER/Hamburg auf einem von Natur aus glatten Felsen eine einzeilige Inschrift von 1,10 m Länge und 0,10 m Buchstabenhöhe. Die beiden rechten Zeichen

sind wohl moderne Wiederholungen des ersten Originalzeichens. Auch sonst finden sich auf den benachbarten Felsen gelegentlich rezente Kritzeleien.«[11])

Diese Zeile ist aber auch schon H.E. DEL MEDICO im Jahre 1932 bekannt gewesen, ohne daß er sich rühmt, sie entdeckt zu haben. Er glaubt, arabische Schriftzeichen zu sehen, vielleicht handele es sich hier um einen Exorzismus.[12])

Rätselhafte Inschrift bei Karapinar
(nach: Orientalia NS 28, 286)

BOSSERT meint, diese Inschrift würde nur beim ersten flüchtigen Hinsehen an arabische Kufi—Inschriften erinnern, doch gehöre sie zu keiner ihm bekannten spätsemitischen Schrift. Auch eine Anfrage bei dem damals »besten Kenner solcher Schriften Kollegen A. GROHMANN—Innsbruck« erbringt keinen Lesungsvorschlag. Mangels Vergleichsmaterial wagt der Philologe keine Deutung: »Könnte die Inschrift nicht einem anderen Schriftsystem Kleinasiens angehören? Oder etwa kabbalistisch sein? Dann ließe sich natürlich allerlei vermuten«.[13])

---

1) Der Ort wurde 1926 umbenannt: B. HROZNY, Les Inscriptions Hittites Hiéroglyphiques III (1937) 351.
2) Dieses vulkanische Gestein scheint mir sehr oft natürliche, großflächige Abbruchstellen aufzuweisen, wie z.B. am Kizil Dag (Nr. 8), so daß der Fels nicht unbedingt künstlich geglättet, vielleicht nur etwas nachgeholfen werden mußte.
3) J.D. HAWKINS, Anatolian Studies 29 (1979) 163.
4) K. BITTEL in: S. DEGER-JALKOTZY (ed.), Griechenland, die Ägäis und die Levante während der »Dark Ages« vom 12. bis zum 9. Jh. v.Chr., Symposion Stift Zwettl 1980 (1983) 42.

5) H.Th. BOSSERT, Orientalia NS 23 (1954) 142 f.
6) H.E. DEL MEDICO, Archiv Orientální 17 (1949), Festschrift HROZNY, 117 ff.
7) Ebda. 148. Von dieser ausgeklügelten Variante ist heute nichts mehr zu hören.
8) J.D. HAWKINS (Anm. 3) 164.
9) MERIGGI, Manuale di eteo geroglifico II/1, 122 f.; II/3, 283 f.
10) J.D. HAWKINS, (Anm. 3).
11) H.Th. BOSSERT, Orientalia NS 28 (1959) 285.
12) H.E. DEL MEDICO, Révue Hittite et Asianique 15 (1934) 249.
13) H.Th. BOSSERT (Anm. 11).

(15) Die seltsame Hieroglypheninschrift von Sivasa

Das Dorf Sivasa (heute: Gökçetoprak(köyü); früher auch: Suvasa) befindet sich in Kappadokien, nordwestlich von Açigöl, etwa 20 km westlich von Nevsehir. 1,5 km südlich des Dorfes erhebt sich wie eine Insel mit Steilküste ein Plateau. An seinem Südfuß liegt der große Stein mit der Inschrift, die dem Laien (und nicht nur dem!) etwas seltsam vorkommen muß: Im Gegensatz zu anderen Inschriften erscheinen hier die übergroßen »Buchstaben« bunt durcheinander gewürfelt. Die sonst üblichen Zeilen sind nicht auszumachen.

Açigöl liegt auf der Straße von Aksaray nach Nevsehir, 22 km vor Nevsehir. Im Ort zweigen wir bei der Jandarma-Station nach Norden ab. Wir folgen der Teerstraße geradeaus, lassen rechts einen kleinen Stausee liegen und biegen bei km 13,4 (ab Açigöl) nach links in Richtung »Gökçetoprak 12 km« (beschildert) ab. (100 m vor der Abzweigung führt auch eine Straße nach links, nach Kozluca. Nicht verwechseln!) In Sivasa angekommen, halten Sie sich kurz vor der Moschee links und peilen das einen guten Kilometer entfernte Plateau an. Sie fahren rechts an ihm vorbei und versuchen dann, an den Westabhang zu kommen; am südlichen Ende des Plateaus befindet sich das gesuchte Relief. 1984 konnte man es über einen Feldweg direkt mit dem Auto erreichen, zwei Jahre später war aus den zwei Fahrspuren ein schmaler Feldrain geworden.

Der große Stein wurde 1906 von Hans ROTT entdeckt[1]) und photographiert. Die Aufnahmen gingen jedoch bei der Besetzung Straßburgs durch die Franzosen im Jahre 1918 verloren.[2]) Die ersten Umzeichnungen blieben jedoch erhalten. Die Zeichen sind sehr unregelmäßig über die vier beschriebenen Flächen verteilt und z.T. nur sehr oberflächlich eingeritzt. HAWKINS nennt sie »bizarr« und durch ein Übermaß von anderswo unbezeugten Zeichen und seltenen oder abweichenden Silbenwerten gekennzeichnet.[3])

Der Fels mit der Inschrift ist etwa 4 m lang, 5,60 m breit und 3,10 m hoch. Er besteht aus Trachyt; daß er durch ein Erdbeben vom Plateau herabgerollt ist, halte ich für unwahrscheinlich. Zum einen ist er zu weit vom Plateau entfernt, zum andern zu flach um zu rollen, außerdem weisen die Schriftzeichen, die ja aufrecht stehen, keine Beschädigung auf, die auf einen solchen gewaltsamen »Transport« schließen ließe. Oben finden wir tellergroße Libationslöcher, wie z.B. in *Fraktin (Nr. 20)* oder *Sirkeli (Nr. 31)*, und zwei Mulden, so groß wie Kinderbadewannen. Sie wurden wahrscheinlich bei kultischen Handlungen benutzt, um geweihte Flüssigkeiten in sie zu gießen.[4])

Bedrich HROZNY hält den Block für einen Altar[5]); in einer Schlußbemerkung seiner Beschreibung weist er darauf hin, daß dieser die Form eines Schuhs habe und fragt, ob das Zufall oder Absicht sei. In letzterem Falle müsse man daran denken, daß die Hethiter bei ihren Libationen häufig schuhähnliche Gefäße verwenden würden. Der Schuh sei wahrscheinlich Sinnbild einer hethitischen Gottheit.

Die (gekürzte) Deutung der Inschrift sieht bei HROZNY so aus:[6]) Der Priester des königlichen Altars (es folgt seine Genealogie) weiht diesem Altar einen Beutel und eine Kiste mit Opfergaben, so wie vielleicht auch Bauholz für ein Haus und für einen großen Sessel. Vielleicht wollte man ein Haus bauen, um diesen Felsaltar zu schützen. So weit Hrozny. Nachdenklich stimmt ihn nur, daß im ganzen Text keine Gottheit erscheint, der diese Opfergaben geweiht werden sollen.

H. ROTT schreibt 1906 über das »kleine Höhlendorf Suwasa«: »In vierzig schmutzigen Erdlöchern sitzen die Turkmanen von Suwasa; in einer solchen unterirdischen Spelunke wurden wir gastlich aufgenommen. Die ganz unerforschte Gegend gilt mit Recht noch heute unsicher, denn Kizilbasch[7]), Kurden, Turkmanen und Jurüken[8]) bevölkern mit ihren fliegenden Wohnplätzen diese welligen Tafelländer.«[9]) In der Tat befindet sich auch beim Dorfe Sivasa eine unterirdische Stadt, so wie in Derinkuyu oder Kaymakli südlich von Nevsehir, nur ist sie nicht für die Öffentlichkeit freigegeben. Martin URBAN und Ömer DEMIR haben vor etwa 25 Jahren die Gegend auf unterirdische Städte eingehend untersucht und konnten dabei 29 Siedlungen lokalisieren.[10])

HROZNY urteilt 1934 über Sivasa ähnlich wie ROTT: Das Dorf sei eines der primitivsten anatolischen Dörfer, das er je auf seinen Reisen durch dieses Land gesehen habe. In der

Der Stein mit den merkwürdigen Inschriften bei Suvasa

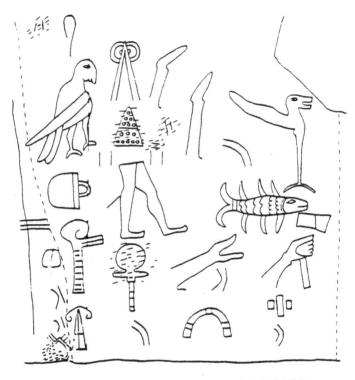

Umzeichnung einer Seite (nach: ArchOr 7, Pl. 75)

Nachbarschaft seien einige Orte, deren Einwohner der Bektasch-Sekte angehören würden. Die Bektaschi würden keine Hasen verzehren, weil sie diese Tiere sehr verehrten. Hier könne man eine letzte Spur des alten Hasenkultes der Hethiter wiederfinden. Diese hätten den Hasen als ein dem Wettergott heiliges Tier betrachtet und sich seiner als Orakel bedient.[11])

Für BOSSERT ist der Zweck der Inschrift weniger klar. »Sie nennt den Verfasser mit seinen im Dienste des Gottes Saruma [= Scharruma] und eines tabalischen Grosskönigs erworbenen Titeln und des Verfassers Vater, der als Diener zweier (Tabal)-

Grosskönige ausgewiesen wird. Eine Segensformel schliesst sich an.« Man könne die Inschrift wohl als Besucherinschrift eines Heiligtums bezeichnen, d.h. der Verfasser wollte sich hier verewigen.[12])

Diese beiden Übertragungen von HROZNY und BOSSERT schließen einander offensichtlich im großen und ganzen aus. Ein Lesungsversuch jüngeren Datums steht m.W. immer noch aus.

Daß Sivasa in antiker Zeit ein Kultort war, bestätigt eine fast lebensgroße Figur aus griech.-röm. Zeit: Wenn Sie von der Moschee aus hoch gehen, finden Sie am Rande des Dorfes, an einer senkrechten Felswand, in einer rundbogigen Nische eine halbplastische, menschliche Darstellung, die ROTT für »Zeus Stratios« hält. Sein Kult soll in ganz Kappadokien verbreitet gewesen sein.[13]) Der Gott sitzt mit freiem Oberkörper in der Nische, der Kopf ist stark verwittert, sein faltiges Gewand fällt über den Schoß und die Beine.[14]) Laut Hans ROTT soll er ein Mannweib sein, bärtig und mit Brüsten werde er dargestellt, in einer Hand die Lanze, in der anderen die Streitaxt.

Wie wir im Dorf halten, um uns nach der Zeusdarstellung durchzufragen, werden wir, bevor wir auch nur ein Wort gesagt haben, zu ihm hingeführt. Und man reicht uns frische, kuhwarme(?) Milch, nicht etwa Ayran! Sollen wir oder sollen wir nicht? - Wir haben es gewagt! - Seit Hroznys Zeiten muß sich offenbar etwas im Dorf geändert haben.

---

1) H. ROTT, Kleinasiatische Denkmäler aus Pisidien, Pamphylien, Kappadokien und Lykien (1908) 249 ff.

2) H.Th. BOSSERT, Orientalistische Literaturzeitung 37 (1934) 150. Die Zeichnungen von L. MESSERSCHMIDT in: ROTT, Kleinasiatische Denkmäler (s. Anm. 1) 175 f. sind nach diesen photographischen Vorlagen angefertigt.

3) J.D. HAWKINS, Anatolian Studies 29 (1979) 164.

4) D. USSISHKIN, Anatolian Studies 25 (1975) 85 f.

5) B. HROZNY, Archiv Orientální 7 (1935) 517 ff.

6) Ebda. 521 f.

7) Der Ausdruck »Kizilbas« wird heute angeblich als Schimpfwort verwendet. G.L. BELL beschreibt sie als von den Moslems zutiefst ver-

achtete Sekte, deren Glaube sich zwischen dem Christen- und Heidentum, den Manichäern und Schiiten und dem Andenken an alte anatolische Kulte bewegen soll: G.L. BELL, Amurath to Amurath (1911) 340. GROTHE hält sie für eine ‚Mischung versprengter Christengemeinden, von heidnischen Vorstellungen und dem persischen Schiismus überwuchert: H. GROTHE, Der Orient VI (1908) 15.

8) Nomadisierende Stämme.
9) H. ROTT (Anm. 1).
10) M. URBAN, Yeralti Schechri [= Unterirdische Städte]. Die unterirdischen Siedlungen Südostanatoliens (1969). Das Buch ist in einer bibliophilen Ausgabe mit eingeklebten Originalphotos in einer Auflage von 120 Exemplaren erschienen. Ömer DEMIR, Autor eines Kappadokienführers, führt heute Touristen durch die unterirdische Stadt in Derinkuyu.
11) B. HROZNY (Anm. 5) 516. Leider hat HROZNY nicht belegt, wie er den »alten Hasenkult der Hethiter« in Erfahrung gebracht hat.
12) H.Th. BOSSERT, Orientalia NS 27 (1958) 328 f. 329 mit Anm. 1.
13) H. ROTT (Anm. 1) 253. f.
14) Ö. DEMIR meint, es handele sich um einen »Menschen aus der Zeit der Hethiter« (S. 75). Er irrt. Schon der Faltenwurf des Gewandes weist auf eine viel spätere Epoche.

(16) Die Inschrift auf der Festung von Karaburun

Karaburun (auch: Karaburna) liegt 12 km südwestlich Hacibektas, das seinerseits etwa auf halbem Wege zwischen Nevsehir und Kirsehir gelegen ist. Nordwestlich des Dorfes erhebt sich ein etwa 90 m hoher, oben abgeflachter Hügel, der deutliche Spuren einer alten befestigten Anlage trägt. In der Nähe von Überresten eines Tores finden wir die insgesamt zwei Meter lange Inschrift mit einer aus sechs Zeichen bestehenden »Überschrift«.

Die Inschrift »ist eingegraben und ausserordentlich sauber ausgeführt. Überhaupt zeigen die Zeichenformen [...] eine Abrundung und Vollendung, die ihre Betrachtung für das Auge ebenso wohlgefällig macht, wie die einer gut ausgeführten südarabischen Inschrift.«[1]) Zum Photographieren ist die Mittagszeit am günstigsten, wenn die eingeritzte Inschrift Streiflicht bekommt.

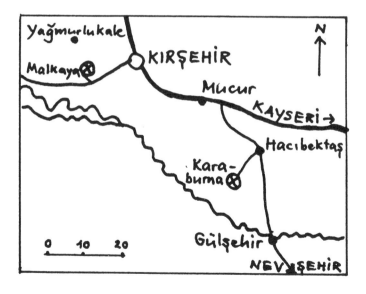

In Hacibektas zweigt nach Süden eine beschilderte Teerstraße nach Karaburna (12 km) ab. Dort angekommen, halten Sie sich rechts, hinunter zum Bach, bis Sie den weiß gekalkten Waschplatz sehen. Unter einem der vielen Nußbäume können Sie den Wagen parken. Sie sind jetzt am Fuß der Festung. Wenn Sie nun nach Nordwesten hochschauen, müßten Sie etwas sehen, was vor knapp 3000 Jahren einmal ein Tor gewesen ist. Gehen Sie also schräg hoch! Die Inschrift befindet sich links des Tores, etwa 4 m südlich.

J.G.C. ANDERSON, der Entdecker der hieroglyphischen Inschrift im Jahre 1900, meint, die Veröffentlichung seines Fundes käme insofern gelegen, als durch die Entdeckungen von A. EVANS auf Kreta neues Interesse an dieser besonderen Art zu schreiben geweckt wurde.[2]) Er spielt dabei auf die Auffindung des bronzezeitlichen ägäischen Schriftsystems, der Linearschrift, an.[3])

Nachdem ANDERSON und CROWFOOT im Juli/August 1900 das Grenzland zwischen Pamphylien und Lykaonien ziemlich erfolglos durchstreift haben, ziehen sie hinauf nach Kappadokien, um wenigstens dort einige vorhellenistische Monumente zu finden. Anfangs haben sie auch dort kein Glück, worauf sie sich zeitweise trennen. Endlich erfährt ANDERSON, daß in der Nähe von Tuzköy »ein mit wunderschönen Buchstaben beschriebener Stein« sei, an dem sich schon mehr als ein erleuchteter Hoca die Zähne ausgebissen habe. Er schöpft wieder Hoffnung und treibt sich und die Pferde einen Berg hinauf, nur um oben auf dem Gipfel »a wretched Christian graffito« (ein lumpiges christliches Gekritzel) zu finden! ANDERSON ist verärgert, aber er gibt immer noch nicht auf.

Er kommt nach Karaburna, an der ehemaligen direkten Verbindungsstraße von Nevsehir über Arapison (heute Gülsehir) nach Kirsehir, wo er endlich fündig wird. Auf dem »380 Fuß hohen Hügel« findet er deutliche Spuren einer alten Festung. Unterhalb der Mauer auf der Ostseite, wo auch das Burgtor gewesen sein mußte, entdeckt er einen unterirdischen Durchgang, der möglicherweise zu einem Brunnen führte, »so wie die Treppentunnel in Amasya und Karalar (in Galatien)«[4]). Auf einem Felsen links vom Tor findet er die Inschrift.

Die Inschrift ist dreizeilig, wobei die dritte Zeile nach links eine Beschädigung des Felsens, die offenbar damals schon vorhanden gewesen sein mußte, überspringt. Der Schreiber hatte wohl Schwierigkeiten bei der Einteilung der Fläche. Knapp 30 cm über der Inschrift befindet sich eine Art von »Überschrift«, die ANDERSON übersehen hatte. Sie wird 1907 von A.T. OLMSTEAD, B.B. CHARLES und J.E. WRENCH entdeckt.[5])

Eine erste Versuchsgrabung unternimmt 1935 Ignace GELB. An der Südseite der Burg knapp außerhalb der an dieser Stelle gut erhaltenen Mauer gräbt er drei Meter tief. An der Oberfläche findet er Terra sigillata und Glas aus byzantinischer und römischer Zeit. In einem Meter Tiefe stößt er auf späthethitische Funde, nach einem weiteren Meter dringt er in eine Siedlungsschicht mit monochromer Keramik aus dem II. Jahrtausend vor. Auf einem Abhang des Hügels findet während der Grabung ein Dorfbewohner ein Stempelsiegel mit geometrischem Muster, wahrscheinlich ein Indiz für eine Besiedlung bereits im III. Jahrtausend.[6]) GELBS Beobachtungen der Kulturschichten sollen auch für die Interpretation der Inschrift dienlich sein.[7])

A.H. SAYCE ist der erste, der sich an eine Übersetzung wagt.[8]) Doch »gelindes Grausen wird denjenigen beschleichen, der sich die Mühe macht, den Sayce'schen Originalaufsatz durchzuarbeiten. Fast keines der Zeichen ist richtig oder auch nur halbwegs richtig gedeutet. Von den Ideogrammen ist lediglich 'König' erkannt.«[9]) BOSSERT fließt diese Kollegenschelte nicht so leicht aus der Feder, gibt er doch wenige Zeilen vorher zu: »Wir alle, die wir uns um die Erschliessung der H-H Sprache[10]) bemühten, wissen, dass wir uns vielfach geirrt haben. Dass wir den Mut zum Irrtum aufbrachten, hat nicht wenig zur Klärung der Probleme beigetragen.«[11])

1933 und 1934 übersetzt B. HROZNY die Inschrift als zweiter.[12]) Auch ihn muß BOSSERTS Kritik treffen: »Daß HROZNY gerade die Karaburna-Inschrift zum Ausgangspunkt seiner 'Entzifferung' der H−H Sprache wählte, konnte selbst im Jahre 1933 nur als dilettantisch bezeichnet werden. Weder hatte HROZNY die Inschrift besucht, noch lag eine bis ins letzte zuverlässige Abschrift vor.«[13])

BOSSERT schreibt 1957: »Bis vor kurzem gehörte die

Karaburna-Inschrift zu den schwer verständlichen Texten. Es trifft zwar zu, daß die Inschrift auf Grund ihrer fast rein phonetischen Abfassung die Struktur der H—H Sprache besser erkennen liess als manche andere Inschriften, bei denen sich die Ideogramme häuften.«[14])

Er meint weiter, daß inzwischen die Bilinguen von *Karatepe (Nr. 29)* und die in Ugarit gefundenen Königssiegel zum weiteren Verständnis der Inschrift beigetragen haben. Aber man habe es »nicht mehr nötig, alle Übersetzungen entweder aus den Bilinguen zu erhärten oder aber unversucht zu lassen. Die kombinatorische Methode hat für eine Anzahl H—H Wörter wenn nicht die genaue Bedeutung, so doch den Bedeutungsbereich ermittelt. In letzter Zeit wurde mit Erfolg versucht, durch Vergleich mit anderen altkleinasiatischen Sprachen weiterzukommen.«[15])

Die oben erwähnte »Überschrift« steht genau in der Mitte über der Inschrift, wenn man die dritte überschießende Zeile als Maßstab nimmt. Sie ist etwa um ein Fünftel kleiner. Ihr Schriftcharakter unterscheidet sich in nichts von dem der eigentlichen Inschrift. Es dürfte sich höchstwahrscheinlich um denselben Schreiber bzw. Steinmetzen als Urheber und nicht um ein nachträglich angebrachtes Grafitto handeln. BOSSERT übersetzte schon 1944: »Uanas, der Schreiber«.[16]) Emmanuel LAROCHE kommt zwölf Jahre später zum selben Schluß.[17]) Da der Schreiber an erster Stelle genannt wird, ist er auch der Verfasser und wird wohl eine einflußreiche Persönlichkeit gewesen sein. Er verflucht die Zerstörer seiner Inschrift und droht ihnen mit der Rache des Sonnengottes.

Über 20 Jahre nach LAROCHES Deutungsversuch kommt HAWKINS zu einer anderen Übertragung[18]): Wahrscheinlich handelt es sich bei dem Relief um eine königliche Inschrift. Sie sei »ein sonderbares kleines Dokument«, ein Bericht über eine Übereinkunft zwischen »Sipis dem König« und »Sipis Nis' Sohn« wegen der Restaurierung der Festung an dem Tor, an dem die Inschrift in den Fels gehauen ist. In keiner anderen Quelle taucht dieser »Sipis« auf. Da die Inschrift paläographisch in die spätere Zeit paßt, kann es durchaus sein, daß der assyrische König Sargon den lokalen Herrscher ohne Namensnennung unter »all jene Könige von Tabal« einreiht. Vermutlich war er bloß Herr der Burg von Karaburun.[19])

---

1) L. MESSERSCHMIDT, Mitteilungen der Vorderasiatischen Gesellschaft 7 (1902) 18. Die Burgmauern sind inzwischen von den Einwohnern fast völlig abgerissen worden, die Steine wurden zum Hausbau wiederverwendet.
2) J.G.C. ANDERSON, Journal of Hellenic Studies 21 (1901) 322 ff.
3) EVANS hatte 1894 auf Kreta die Linearschrift aufgefunden, sie ist eine Weiterentwicklung der Bilderschrift; die Bilder (Piktogramme) sind meist bis zur Unkenntlichkeit verzeichnet.
4) ANDERSON (Anm. 2) 324.
5) A.T. OLMSTEAD, B.B. CHARLES, J.E. WRENCH, The Cornell Expedition to Asia Minor and the Assyro-Babylonian Orient 1,2 (1911) 13.
6) I. GELB, Hittite Hieroglyphic Monuments (1939) 32.
7) H.Th. BOSSERT, Le Muséon 70 (1957) 146.
8) A.H. SAYCE, Proceedings of the Society of Biblical Archaeology 27 (1905) 217 ff.
9) BOSSERT (Anm. 7) 148.
10) Hieroglyphen-hethitische Sprache.
11) BOSSERT (Anm. 7) 147.
12) B. HROZNY, Les inscriptions hittites hiéroglyphiques I (1933) 9 ff.; II (1934) 248 ff.
13) BOSSERT (Anm. 7) 147.
14) Ebda. 147.
15) Ebda. 149.
16) H.Th. BOSSERT, Ein hethitisches Königssiegel (1944) 240.
17) E. LAROCHE, Révue Hittite et Asianique 14 (1956) 26 f.
18) J.D. HAWKINS, Anatolian Studies 29 (1979) 166.
19) Ebda. 167.

(17) Der beschriftete Felsblock von Malkaya

Malkaya (Herdenfels) liegt 8 km Luftlinie westlich von Kirsehir in einer baum- und strauchlosen Ebene.[1]) Der auf allen Seiten beschriftete Block wurde 1947 von v. AULOCK bei einem Jagdausflug entdeckt. 1950 faßte H.Th. BOSSERT seine ersten Bemühungen um die Inschrift zusammen: Sie »stammt von einem Königssohn, dessen Name auch auf Bogazköy-Siegeln vorkommt, ohne daß die gleiche Persönlichkeit vorzuliegen braucht.[2]) Jedenfalls handelt es sich bei der Malkaya-Inschrift um ein Monument des 14. oder 13. Jahrhunderts v.Chr.«[3])

Wenn Sie auf der Straße Ankara-Kayseri nach Kirsehir kommen, zweigen Sie am Ortseingang rechts in Richtung Zentrum ab. Sie fahren die Straße weiter, bis rechterhand ein großes Gebäude mit der Aufschrift »TEK Özel Idare Müdür-lügü« auftaucht. Hier biegen Sie wieder beim Wegweiser »Kirsehir Savcili Yol Yapim Santiye Sefligi« im rechten Winkel ab. (Es sind ab jetzt 14 Straßenkilometer zum Felsblock.) Sie fahren nun 10 km auf der beschilderten Teerstraße in Richtung Savcili, Karakurt, bis ein Feldweg (beschildert: »Y.Kale 10«, und zwei weitere Ortsnamen) abermals nach rechts abbiegt. Sie folgen ihm, fahren nach 3,5 km unter einer Hochspannungsleitung hindurch und sehen nach weiteren 500 m den Felsblock rechts, nordöstlich des Weges, liegen.

Der ungefähr rechteckige Felsblock aus Kalkstein ist oben abgeplattet und war auf allen vier Seiten mit einer eingeritzten Inschrift versehen. Die Nordseite ist heute am besten erhalten. Bereits bei BOSSERTS erstem Besuch am Malkaya war die Westseite abgeschlagen. Hier hatten Schatzsucher einen Teil des Monumentes zerstört. Auch ihm ist es, wie er selber schreibt, nie gelungen, die Dörfler davon zu überzeugen, daß er kein Schatzgräber sei:[4]) »Hundertmal versuchte ich meinen Zuhörern klarzumachen, dass man doch keine Inschriften anbrächte, um fremde Leute leichter Schätze finden zu lassen: es war alles umsonst!« Auch heute ist der Fels wieder unterhöhlt, in den Löchern steht das Wasser. Die Tradition der Schatzsuche nimmt trotz aller Aufklärung wohl nie ein Ende.

Um die Schrift auf den anderen Seiten zu erkennen, ist

Der Inschriftenstein Malkaya bei Kirsehir

bestes Streiflicht nötig. »Mit einer Besichtigung von ein paar Stunden ist es nicht getan. Solche verwitterten Felsinschriften müssen an verschiedenen Tagen und unter verschiedenen Beleuchtungsverhaeltnissen studiert werden.«[5]) BOSSERT gelingt es bei seinem ersten Besuch, das abgeschlagene Stück mit Hilfe von sechs Arbeitern umzudrehen, so daß auch die Westseite sichtbar ist, wenngleich der wichtigere Teil unwiederbringlich verloren ging.

BOSSERT beurteilt den Fels so: Dem Charakter der Zeichen und dem Namen des Verfassers nach stammt die Inschrift aus der Großreichszeit. Der Verfasser ist ein Prinz oder Königssohn, dessen Name auch auf den Tonbullen von Hattuscha vorkommt, wo er sich allerdings nicht als Prinz bezeichnet. Es ist also fraglich, ob der Prinz von Malkaya mit dem Siegelinhaber von Hattuscha identisch ist. Dazu tauchen weitere, uns aus der Hauptstadt bekannte Eigennamen auf. Bossert hält den Fels für eine Weginschrift.[6]) Als Schriftträger erinnert er ihn an die Inschriften von *Sirzi (Nr. 26)* und *Suvasa (Nr. 15)*.

1956 bricht BOSSERT zusammen mit seiner Frau und seiner Schülerin erneut zur Nacharbeit an der Inschrift auf, sie wird ihn vier volle Tage kosten. Die drei Forscher stellen fest, daß die halbwegs ebenen Stellen beschrieben wurden, ohne daß vorher eine Glättung der Felsenflächen vorgenommen wurde. Die dort eingeritzten Namen könnten also auf Besucherkritzeleien ohne jede große Vorbereitung hinweisen. BOSSERT reinigt die Schrift von Algen[7]) und fertigt Abklatsche an.

Er ist der Ansicht, daß die Zeichengruppe in der Mitte der Nordseite die Hauptinschrift ist. Den Kern bildet der Name des Königssohnes, darunter eine Verbalform über zwei gegenläufigen Füßen, was zu Deutsch heißt: »Der Königssohn Tu-ziti kommt öfter hierher.[8])« Der Vatersname »Tameti« scheint nachträglich eingefügt worden zu sein.[9]) Weiter stellt BOSSERT fest, daß im Text neben den luwischen auch protohattische und hurritische Namen vorkommen, Namen, die in der Frühzeit, im Alten Reich, gebräuchlich waren. So ist der erwähnte Tameti ein protohattischer Name, und es gibt auch eine protohattische Gottheit Timmet. Deswegen ist es auch nicht verwunderlich, daß ein solcher Name ein knappes Jahrtausend später, in griech.-

röm. Zeit, nicht mehr vorkommt. Und damit (und mit der oben erwähnten Namensgleichheit) schreibt BOSSERT die Inschrift der Großreichszeit zu. Eine genauere Datierung könne aber erst dann erfolgen, wenn wenigstens einer der Prinzennamen historisch faßbar ist.[10])

Die unmittelbare Umgebung mit ihrer trockenen Vegetation dient nur noch als Schafweide. Es ist fraglich, ob die Verkarstung der Landschaft bereits im II. Jahrtausend schon so weit fortgeschritten war wie heute. Durchaus möglich ist es, daß damals der Felsblock inmitten von Wäldern lag und den hethitischen Prinzen als Rastplatz bei der Jagd diente. Eine Siedlung existierte hier nicht, und der nächste, 1-2 km entfernte Hüyük erscheint Bossert als Wohnsitz von Königssöhnen zu unbedeutend. Dagegen war der Stadthüyük von Kirsehir schon in der Bronzezeit besiedelt, die Keramik reicht vom II. zum I. Jahrtausend. Von der Größe des Hüyüks läßt sich auf eine verhältnismäßig bedeutende hethitische Stadt schließen; ihr Name ist jedoch noch nicht bekannt.[11])

---

1) BOSSERT gibt zwei verschiedene, von ihm selbst mit einem Barometer gemessene Höhen an: 980 m in: Türk Tarih Kurumu Belleten 14 (1950) 672; 1190 m in: Orientalia NS 27 (1958) 328. Die erstere Angabe erscheint mir wahrscheinlicher.

2) Diese Namensgleichheit finden wir vor allem in der Zeit der späthethitischen Fürstentümer: Der neue Namensträger will an den Ruhm seines Namensvetters anknüpfen und ihn auch für sich in Anspruch nehmen.

3) H.Th. BOSSERT, Orientalia NS 19 (1950) 506 f.

4) BOSSERT, Orientalia NS 27 (1958) 327. - Mir ist es bei fast jedem Relief ebenso ergangen: Jeder meiner Schritte wurde argwöhnisch beäugt, nur neugierig waren eigentlich bloß die Kinder. Inzwischen weiß man auch schon in der Türkei, daß es Metallsuchgeräte gibt: »Bei Gold dreht sich der Zeiger links, bei Silber rechts rum!« Das wurde mir ganz ernsthaft und mit durchaus glaubwürdiger Mimik und Gestik in Bergama klargemacht. Nur Geldgeber wurden noch gesucht.

5) BOSSERT, Türk Tarih Kurumu Belleten 14 (1950) 672.

6) Ebda. 673 f.

7) Wie er den Fels reinigt, zitiere ich besser nicht. Eine Seite aus der Lektion: »Wie ruiniere ich eine Inschrift auf Dauer?«!

8) BOSSERT, Orientalia NS 27 (1958) 344.

9) Ich verschweige hier mit Absicht die seitenlange philologische, kombinatorische und historische Diskussion, die wohl nur Philologen vom Fach verstehen würden.

10) BOSSERT, Orientalia NS 27 (1958) 350.

11) Ebda. 326.

(18a) Die Inschrift von Nisantas in Hattuscha

Die Hieroglypheninschrift am Nisantepe ist die einzige Inschrift in der hethitischen Hauptstadt Hattuscha[1]) und gilt als längste Inschrift der Großreichszeit. Sie befindet sich am Fuß des Nisantepe, einem der vielen Hügel im alten Stadtgebiet von Hattuscha. Er liegt etwa 250 m südwestlich von Büyükkale, nur wenige Meter westlich der neuen Straße hoch zum Königstor (Kralkapi). Der alte Weg dürfte kaum anders verlaufen sein, so daß die Inschrift auf dem Nisantas heute wie damals voll im Blickfeld derer ist, die die Stadt bergauf verlassen.

Die über 9 m lange und 2,4 m hohe Inschrift verläuft in Nord-Süd-Richtung, sie ist auf einer stark geneigten Felsplatte in elf Zeilen so eingemeißelt, daß die einzelnen Zeichen erhaben scheinen. Ein keilförmiger, von oben nach unten verlaufender Riß im Felsen trennt sie in zwei ungleiche Teile. Über 3000 Jahre war sie allen Witterungseinflüssen schutzlos ausgesetzt, so daß die schwachen Zeichen erst bei Sonnenhöchststand kleine Schatten werfen. Bei schlechter Beleuchtung lassen sich fast nur noch die Linien für die Zeilen erkennen.

Hugo WINCKLER hatte 1909 den Zustand der Inschrift für »trostlos« erachtet: »Sie ist völlig verwaschen, so daß von ihrem Inhalte nichts mehr festgestellt werden kann.«[2]) Doch mit diesem Befund will sich die amerikanische Cornell-Expedition nicht zufrieden geben.[3]) Sie erhält von Otto PUCHSTEIN, der zu jener Zeit Leiter der deutschen Ausgrabungen in Hattuscha ist, die Erlaubnis, die Inschrift zu kopieren.

Die Amerikaner sehen auf Anhieb, daß die Zeichen zwar stark verwittert, aber weit davon entfernt, auch hoffnungslos zu sein und machen sich an die Arbeit. Sie photographieren und fertigen Abklatsche an. Einen Lesungsversuch nehmen sie nicht vor.

1933 sieht BOSSERT zum ersten Mal das Relief[4]): »Froh, das Original selbst studieren zu können, werde ich den entmutigenden Eindruck, den die Inschrift bei meinem ersten Besuche des Nischan-Tepe hinterliess, nie vergessen. Es war in den späten Nachmittagsstunden bei klarstem Himmel: auf der Inschrift war nicht ein Zeichen zu erkennen. [...] Bei wiederholten Besuchen des Nischan-Tepe bemerkte ich, dass die Beleuchtung der Inschrift bei dem geringen Relief der Zeichen eine ausschlaggebende Bedeutung für die Lesbarkeit der Inschrift besass und dass bei einiger Geduld und über längere Zeit ausgedehnter Beobachtung sehr wohl noch manches dem Stein abgerungen werden könnte.«

Franz STEINHERR schafft es 1972 nicht, brauchbare Abklatsche herzustellen, er hält die Konturen der Zeichen für zu abgeschliffen. Doch mit vorsichtigem Abtasten und anschließender Behandlung mit Kreide gelingt es ihm und dem Grabungsphotographen KRÜGER, mit Hilfe eines Spezialgerätes brauchbare Photos zu machen. Dabei gibt STEINHERR zu, daß eine manchmal subjektive Rekonstruktion vielleicht nicht zu vermeiden sei, da die Kenntnis der Zeichen aus der Großreichszeit noch immer mangelhaft ist. Im Gegensatz zu späteren Inschriften aus dem I. Jahrtausend etwa weisen die Texte mehr Ideogramme mit nur wenigen phonetischen Schreibungen auf.

Am besten lassen sich heute die Zeichen in der ersten, linksläufigen Zeile lesen, in der der Urheber, der letzte hethitische Herrscher der Großreichszeit, Schuppiluliuma II.[5] seinen Vater Tuthalija anspricht, er führt noch die volle großkönigliche Titulatur »König des Landes Hatti«.[6] Auch ungeschulte Augen können die große Aedicula rechts oben erkennen. Der Text beginnt mit der Vorstellung des Urhebers, dann folgt die Genealogie, etwa so: »Ich, Held, Meine Sonne, Schuppiluliuma, Großkönig, König des Oberen Landes, Held, Sohn von Tuthalija, Großkönig, Held, König des Landes Hatti, Enkel von Hattuschili, Großkönig, Held.«[7]

1) Die Ritzung auf dem westlichen Löwen beim Aslankapi klammere ich hier aus.
2) H. WINCKLER, Orientalistische Literaturzeitung 9 (1909) 628.
3) A.T. OLMSTEAD/B.B. CHARLES/J.E. WRENCH, Travels and Studies in the Nearer East (Cornell Expedition), Vol. I, Part II (1911) 8 ff.
4) H.Th. BOSSERT, Archiv für Orientforschung 9 (1939) 172 ff.
5) Dieser König wird von manchen Autoren auch Schuppiluliama genannt.
6) K. BITTEL, in: Griechenland, die Ägäis und die Levante während der »Dark Ages« vom 12. bis zum 9. Jh. v.Chr., Symposion Stift Zwettl 1980, S. DEGER-JALKOTZY (ed.), Veröffentlichungen der Kommission für mykenische Forschung 10 (1983) 29.
7) Nach: F. STEINHERR, Istanbuler Mitteilungen 22 (1972) 6 f.

Das Löwentor (Aslankapi) von Hattuscha
(nach: Texier, Description, Pl. 81)

(18b) Das Heiligtum Yazilikaya

Das großreichszeitliche Heiligtum von Yazilikaya liegt in unmittelbarer Nähe der hethitischen Hauptstadt Hattuscha. Der Weg ist beschildert. Die Reliefs von Yazilikaya sind zweifellos der Höhepunkt des hethitischen Reichsstils.[1]

Den alten Namen der Anlage kennen wir nicht; unter den Tausenden in Hattuscha gefundenen Keilschrifttexten gibt es keinen einzigen, der sich direkt auf Yazilikaya bezieht. »Es gilt daher, andere Wege zum Verständnis einzuschlagen, wobei den Möglichkeiten, die uns die archäologische und philologische Betrachtungsweise bietet, nach wie vor das Hauptgewicht zukommt.«[2]

Der französische Forschungsreisende Charles TEXIER bereiste vor mehr als 150 Jahren im Auftrag seines Königs Kleinasien und berichtet in sechs großen Text- bzw. Tafelbänden darüber.[3] Ende Juli 1834 entdeckt er etwa 150 km östlich von Ankara, das damals noch eine kleine Provinzstadt ist, bei dem

Dorf Bogazköy ein weitläufiges Ruinengebiet. Knapp zwei Kilometer nordöstlich zeigen ihm Bauern in einer Felsgruppe eine Reihe von Reliefs, die in die Felswände eingemeißelt sind. Eines der größten müßte wohl den Sultan und Kalifen darstellen, meinen die Dorfbewohner, denen jegliche figürliche Abbildung eines Menschen fremd vorkommen muß.

*Tuthalija IV. mit seiner Namenskartusche
(nach: Texier, Description, Pl. 79)*

Doch auch TEXIER kann die wahre Herkunft der Figuren nicht erkennen, da er, auch was Kleinasien betrifft, ganz auf die griechische Geschichtsschreibung angewiesen ist. HERODOT jedoch wußte ebenso wenig wie TEXIER etwas über die alten Kulturen Mesopotamiens und Kleinasiens. So hält der Franzose das Heiligtum für Pterium, nach dem Ort benannt, an dem Krösos seine entscheidende Schlacht gegen Darios verlor.

Der Zug der Zwölfgötter (nach: Akurgal, Kunst 107)

Gustav HIRSCHFELD hatte schon 1882 die Verwandtschaft zwischen den Felsreliefs von Yazilikaya und den anderen damals bekannten hethitischen Denkmälern festgestellt[4] und erst zu Beginn unseres Jahrhunderts entpuppen sich die benachbarten Ruinen als Reste einer großen Stadt aus dem II. Jahrtausend, die der ehemaligen Hauptstadt des Hethiterreiches Hattuscha.

Dem Heiligtum waren Tempel- und Portalanlagen vorgelagert; es besteht aus zwei natürlichen Kammern, eine größere im Westen und eine kleinere daneben, im Osten. Dazu kommt eine Reihe von Nischen. Die große Kammer ist als Ort magischer Handlungen zu sehen, in ihr trifft sich an der nördlichen Stirnwand die Prozession der männlichen und weiblichen Hauptgottheiten. Im Zentrum stehen sich die groß dargestellten Hauptgötter, der Wettergott Teschup, und die Sonnengöttin von Arinna, Hepat,[5] gegenüber, Sie steht auf ihrem heiligen Tier, dem Löwen, er auf zwei Berggöttern. Begleitet werden beide von einem Stier, von dem nur die Vorderseite sichtbar ist.

In der Nebenkammer sehen wir den Zug der sichelschwerttragenden Gottheiten und die Umarmungsszene zwischen dem Wettergott Scharruma und dem König Tuthalija IV. KOHL-

Yazilikaya: Die Hauptszene (nach: Akurgal, Kunst 79)

MEYER sieht dort »ein mit dem Königtum des Tuthalija IV. direkt verbundenes Ritual«, dafür sprechen »zweifellos seine Inschrift und seine Darstellung in der Umarmung des persönlichen Schutzgottes«.[6])

Emmanuel LAROCHE gelang es 1952 nachzuweisen, daß die Beischriften zu den Götterdarstellungen die Namen hurritischer Götter nennen. Daraus schloß er, daß die Reliefs alle in die Zeit Tuthalijas IV. (1250-1220) zu datieren sind, da erst in dieser Zeit der hurritische Einfluß in der Hauptstadt so stark war.[7])

GÜTERBOCK deutet die ganze Anlage als Totengedenkstätte für Tuthalija IV.[8]) In einer in Bogazköy gefundenen Keilschrifttafel berichtet der letzte uns bekannte Großkönig Schuppiluliuma II. (1190– ?) von seinem pietätvollen Verhalten gegenüber seinem verstorbenen Vater Tuthalija IV.:

»Ein beständiges Felsheiligtum habe ich bauen

und ein Bild anfertigen lassen; dieses habe ich (dann)

in das beständige Felsheiligtum hineingebracht,

es (dort) aufgestellt [...].«[9])

Es liegt sehr nahe, dieses »Steinhaus«, wie die Hethiter die Beisetzungsstätte ihrer königlichen Toten bezeichnen, in Yazilikaya zu lokalisieren. Eine von dem Sohn für den Vater Tuthalija geschaffene Kultstätte sieht Heinrich OTTEN in dem »neu geschaffenen Nebeneingang mit den beiden Löwendämonen als Wächterfiguren [...] an der nördlichen Schmalseite von Kammer B, darüber an der Felswand die Namenshieroglyphe Tuthalijas steht.«[10]) Das fast 3 m hohe Relief des hethitischen Großkönigs Tuthalija IV. gegenüber der Hauptszene auf der rechten Seite interpretiert OTTEN dann »als das eigene Stifterbild des Königs zu seinen Lebzeiten«. - »Die Errichtung des "Steinhauses" für Tuthalija IV. durch Schuppulijama [= Schuppululiuma] dürfte sich in Anbetracht der Dringlichkeit und Notwendigkeit an bereits bestehende Anlagen Tuthalijas IV. angeschlossen haben.«[11])

Sind also Kurt BITTEL und mit ihm H. OTTEN und H.G. GÜTERBOCK der Meinung, daß es sich in Yazilikaya um den Totenkult eines verstorbenen Königs handelt, so vertritt Ekrem

*Tuthalija IV. vom Gott Scharruma beschützt
(nach: Perrot, Histoire, fig. 321)*

AKURGAL demgegenüber eine andere Auffassung. Für ihn manifestiert sich in dem Felsheiligtum die ganz unhethitische Apotheose (Vergöttlichung) schon zu seinen Lebzeiten.

---

1) In diesem Kapitel fasse ich mich bewußt kurz, da über Yazilikaya in jedem halbwegs vernünftigen Reiseführer etwas steht. Am besten ist m.E.: Kurt BITTEL, Hattuscha, Hauptstadt der Hethiter, Köln 1983.
2) Ebda. 135.
3) Ch. TEXIER, Description de l'Asie Mineure (1839) 214 ff.
4) G. HIRSCHFELD, Die Felsenreliefs in Kleinasien und das Volk der Hittiter, in: Abhandlungen der Königlichen Akademie der Wissenschaften zu Berlin 1886 (1887) 23 ff.
5) Im Staatskult der Zeit Tuthalijas IV. sind die Sonnengöttin und Hepat identisch: E. AKURGAL, Die Kunst der Hethiter (1961) 51.
6) K. KOHLMEYER, Acta praehistorica et archaeologica 15 (1983) 67.
7) E. LAROCHE, Journal of Cuneiform Studies 6 (1952) 115 ff.
8) H.G. GÜTERBOCK, Mitteilungen der Deutschen Orient-Gesellschaft 86 (1953) 75 f.
9) KBo XII 38, Zeile 17-20, zitiert nach H. OTTEN, Mitteilungen der Deutschen Orient-Gesellschaft 94 (1963) 16 f.
10) H. OTTEN, MDOG 94 (1963) 22.
11) Ebda. Anm. 75.

Aedicula von Tuthalija IV.

(19) Die Ausgrabungsstätte Alaca Hüyük

Alaca Hüyük ist 25 km nordöstlich von Bogazkale/Hattuscha gelegen (gelbe Wegweiser führen dorthin). Die Ruinen der bis ins Chalkolithikum zurückgehenden Siedlung wurden 1835 von William J. HAMILTON entdeckt. Die schönsten und markantesten Monumente sind das Sphingentor und die nicht genau datierbaren Orthostaten (aus dem 14. Jahrhundert etwa).

Die freigelegten Kulturschichten zeigen sich heute dem Laien auf den ersten Blick ähnlich unübersichtlich und undurchschaubar wie in Troja, deshalb ist es ratsam, zuerst in das kleine Museum zu gehen, auch wenn die schönsten (und spektakulärsten) Funde in Ankara im Museum für Anatolische Zivilisationen sind. Hier wurde z.B. eine Kultstandarte[1]) gefunden, die heute als offizielles Symbol für den Fremdenverkehr in der Türkei verwendet wird, im Volksmund auch »hethitische Sonne« genannt. Vielleicht handelt es sich auch um einen Aufsatz an einem Baldachin.[2])

Betritt man das Grabungsareal, so fallen einem sofort die riesigen Sphingen auf, die das Stadttor flankieren. Auf der Innenseite des rechten Torsphinx erkennen wir die Reste eines Doppeladlers, der seine Fänge in einen Hasen schlägt. Darüber steht möglicherweise ein Großkönig. Die Orthostaten umfassen folgende Themenkreise: kultische Handlungen des Königspaares und anderer Personen, die ohne individuelle Züge oder Beischrift dargestellt sind, d.h. eine Idee verkörpern. Weiter finden wir Jagdszenen sowie Musikanten und Gaukler. Die Reliefs sind flach, sie wirken, als seien sie nicht fertiggestellt, sondern in der Bosse stehen würden, wie z.B. der mittlere Teil des Reliefs von *Fraktin (Nr. 20)*.

Im Alten Reich diente Alaca Hüyük in erster Linie als Begräbnisplatz lokaler Fürsten, es war also schon lange vor Hattuscha besiedelt und wurde erst viel später von diesem überflügelt. In den Anfängen der Großreichszeit wuchs es zur Kleinstadt.

Die ersten Ausgrabungen des kultischen Zentrums erfolgten 1906/7 durch MAKRIDI und WINCKLER. 1935 war die Stunde der modernen türkischen Spatenforschung unter R.O. ARIK und

Alaca Hüyük: Opfertiere

Hamit KOSAY gekommen. Die ersten Funde stellen den »Priamos-Schatz« aus SCHLIEMANNS Troja in den Schatten. Sie rücken das Anatolien des III. Jahrtausends in der Vordergrund der historischen Forschung.[3]) In den kupferzeitlichen Gräbern unter den hethitischen Schichten fanden sich als Beigaben Gebrauchsgegenstände aus Gold und Kupfer und sogar »einige flache Scheiben aus terrestrischem Eisen«.[4]) Das alles sind Zeugnisse einer Epoche vor der Einwanderung der Hethiter, sie konnten nur durch Grabungen erschlossen werden, da über ihnen Schichten aus hethitischer Zeit lagerten.

G. HIRSCHFELD notiert 1882 bei seinem Besuch:[5]) »Im Stile erscheint Öjük [= Alaca Hüyük] ungleich urthümlicher« [als Hattuscha]. Auch BOSSERT sieht ägyptische Vorbilder und liefert damit Ansätze für Datierungen: So lasse die Verwendung von Portalsphingen auf ägyptischen Einfluß kaum vor Thutmosis III. (1504-1451) schließen. »Einflüsse aus dem kretisch-mykenischen Kreise, also einer ganz auf das Malerische eingestellten Kultur, können sich nur im Motivlichen zeigen, etwa in dem streifenartigen Übereinanderordnen der Szenen, in der Anbringung von pflanzlichen Füllungen und deren Stilisierung oder in dem charakteristischen Streckgalopp der Tiere.« Versuchsweise setzt BOSSERT damit die Reliefs in das 15. Jahrhundert.[6])

E. AKURGAL sieht die Skulpturen als typische Vertreter des großreichszeitlichen Stils erst im 13. Jahrhundert entstanden. Er nimmt an, daß die pflanzlichen Motive ursprünglich der hurritischen Kunst entlehnt sind, dabei jedoch eine eigene Note zeigen. Stil und Arbeitsweise der Skulpturen seien von echt hethitischem Gepräge. Sie »trotz der flachgehaltenen Reliefs und einiger Mißerfolge in der Darstellungsweise Kunstwerke von besonderer Schönheit.«[7])

Alaca Hüyük: Orthostaten mit Musikanten und Gauklern

Alaca Hüyük: Sphinx mit Doppeladler an der Seite

1) »Kultstandarte ist neuerer Erkenntnisse wegen sehr fraglich« schreibt mir dagegen ohne nähere Erläuterung Kurt BITTEL (Brief v. 23.2.1987).
2) K. BITTEL, Archäologischer Anzeiger 54 (1939) 112.
3) E. AKURGAL, Die Kunst der Hethiter (1961) 11.
4) K. BITTEL (Anm. 2) 119.
5) G. HIRSCHFELD, Die Felsenreliefs in Kleinasien und das Volk der Hittiter, in: Abhandlungen der Königlichen Akademie der Wissenschaften zu Berlin 1886 (1887) 15.
6) H.Th. BOSSERT, Altanatolien (1942) 495 ff.
7) E. AKURGAL, Die Kunst der Hethiter (1961) 85.

Das Sphingentor (nach: Texier, Description 224)

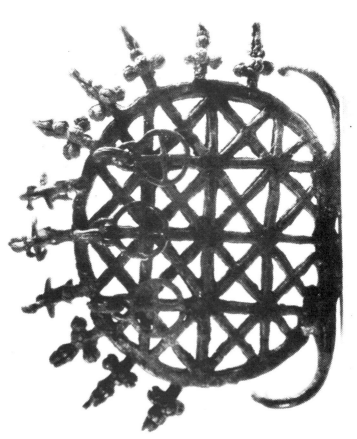

Aufsatz einer Kultstandarte aus vorhethitischer Zeit; jetzt in Ankara

(20) Das dreiteilige Relief von Fraktin

Das Dorf Fraktin (oder auch Firaktin) liegt südlich Kayseri, südöstlich von Develi und südlich der Straße Develi-Bakirdagi (Tasci)-Tufanbeyli bzw. Saimbeyli. Im Garten vor dem Archäologischen Museum in Kayseri steht eine originalgetreue Kopie des Reliefs aus Beton, sie ist allerdings grau, nicht so rostbraun wie das Original. Entdeckt wurde es wahrscheinlich von dem Engländer CALVERT, wie A. SAYCE 1880 in einem Aufsatz erwähnt.[1]) Ausführlich behandelt wird das Relief zum ersten Mal von den Briten W.M. RAMSAY und D.G. HOGARTH im Jahre 1903.[2])

Wir fahren auf der Strecke Develi-Bakirdagi (früher: Tasci) bis zum gelben Wegweiser nach Fraktin und folgen ihm nach Süden auf der geteerten Straße. Nach 11,3 km ab Abzweigung haben wir drei Ortschaften durchquert und kommen jetzt zu dem gesuchten Dorf.

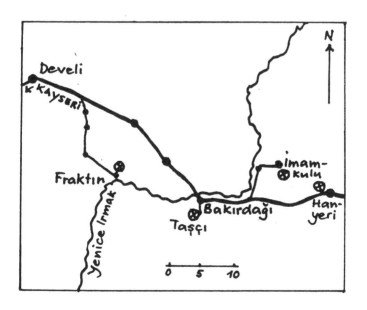

Etwa 100 m vor den ersten drei massiven Häusern links der Straße biegen wir im spitzen Winkel nach links ab und fahren auf einem ziemlich breiten Schotterweg durch steppenähnliches Gelände ca. 1 km nach Nordosten. Wir halten uns in Richtung Pappelwäldchen, das von einer Mauer umsäumt ist und lassen es rechts liegen. Gleich hinter dem Hain sehen wir die Felsbarriere vor uns. Wir parken hier, überspringen noch zwei kleinere Bäche und stehen dann unmittelbar vor dem breiten Relief. Es hat sich schon aus der Entfernung bemerkbar gemacht: die untere Hälfte der Stufe ist rostbraun, hier ist die Fläche für das Bild geglättet worden. Darüber erhebt sich der unbearbeitete braungraue Rest. Der Grabenbruch mit dem Relief verläuft hier in Nord-Süd-Richtung. Zum Photographieren ist die Zeit kurz nach Mittag am günstigsten.

Das gesamte Relief, man kann bei der Breite von 6 m und der Höhe von 1,20 m durchaus von einem Fries sprechen, gliedert sich in drei Teile: Der linke und mittlere sind zwei in der Komposition gleichartige Darstellungen, der rechte besteht aus einer unvollendeten Inschrift.

In der linken Szene sehen wir, wie eine nach links gewandte Figur aus einer Schnabelkanne das Opfergetränk in ein am Boden stehendes Gefäß gießt, um den ihm zugewandten Gott zu ehren. Aus der Beischrift über dem Altar wissen wir, daß es sich bei der Figur um den Großkönig Hattuschili III. (1275-1250) handelt. Zwischen den beiden befindet sich ein Altar, auf dem eine Opfergabe, möglicherweise ein Brot, liegt. Da wir durch die Beischrift in der rechten Szene wissen, daß es sich bei der dort dargestellten Göttin um die Sonnengöttin von Arinna handelt, könnten wir analog dazu annehmen, daß der Gott links der Wettergott des Himmels ist.

Auffällig ist, daß Hattuschili wie der Gott eine Spitzmütze mit einem Horn trägt, wo doch in der Regel die hethitischen Könige Rundmützen tragen. Nur verstorbenen Herrschern steht eine konische Mütze zu. Es gibt jedoch Anzeichen dafür, daß Könige auch schon zu Lebzeiten vergöttlicht werden (s. Yazilikaya Nr. 18). Auf jeden Fall findet es AKURGAL »äußerst seltsam, daß der König Hattuschili III. auf dem Felsrelief von Fraktin die gleiche einhörnige Mütze trägt wie der Gott, vor dem

*Hattuschili III. opfert dem Wettergott des Himmels
Kopie im Garten des Archäologischen Museums Kayseri*

er libiert.«[3]) E. MEYER glaubte Jahrzehnte früher, »daß der König wirklich bei festlichen Anlässen die Spitzmütze trägt, wie Chattusil [Hattuschili] bei seinem Besuch in Ägypten«[4]), als er um 1280 seine Tochter dem Pharao Ramses II. zuführt, nachdem er mit ihm einen Bündnisvertrag geschlossen hatte. Der Pharao heiratet die hethitische Prinzessin mit dem ägyptischen Namen »Manefrure« im 34. Jahr seiner Regentschaft. Eine Urkunde darüber wurde sowohl im ägyptischen Theben als auch in Hattuscha gefunden.

Ebenso fällt auf, daß der bartlose Gott mit der einfachen Hörnermütze nicht die Streitkeule, sondern den Krummstab trägt. Damit entspricht er nicht der üblichen Darstellung in der Großreichszeit. K. KOHLMEYER stellt deshalb zur Diskussion, daß der Gott nicht der Wettergott des Himmels sei, eine durch nichts bewiesene Annahme, sondern der Wettergott von Nerik, der persönliche Schutzgott Hattuschilis. Der Krummstab in seiner Hand würde auf die schützende Funktion hinweisen.[5])

Die rechte Szene entspricht im Aufbau der linken: Wieder sehen wir zwei Personen mit einem Altar dazwischen. Die Sitzende links ist Hepat, die stehend Libierende Puduhepa, Gattin des Hattuschili, die bedeutendste Frauengestalt des hethitischen Herrscherhauses. Sie und die Göttin sind durch die Beischrift eindeutig zu identifizieren. Hepat wird mit der Sonnengöttin von Arinna gleichgesetzt, die als oberste Staatsgottheit »Königtum und Königinnentum« leitet und als Herrin des Königs und der Königin galt.[6]) Auch hier sind beide Figuren annähernd gleich gekleidet; Göttin und Großkönigin tragen ein langes Gewand und eine radhaubenartige Kopfbedeckung. Auf dem Altar sitzt ein Vogel mit zurückgewandtem Kopf.

Diese Gruppe ist im Gegensatz zu der bis ins Detail ausgeführten linken Szene nur im Umriß ausgearbeitet, lediglich die Beischrift ist vollendet. Auge, Braue und Mund sind schon dünn angeritzt. Kann man diesen Teil als halbvollendet bezeichnen, so ist das große Inschriftenfeld im rechten Drittel noch einen Schritt weiter zurück; hier sind die Zeichen erst in groben Konturen herausgearbeitet. Das gesamte Relief befindet sich also in verschiedenen Stufen der Vollendung.

Der Fels besteht laut K. BITTEL aus Trachyt[7]), einem sehr

*Fraktin: Umzeichnungen der linken und der rechten Szene
(nach: K. Kohlmeyer, APA 15)*

harten, vulkanischen Gestein. Es hat »sichtlich die Ausarbeitung der Details erschwert, vielleicht sogar die vollständige Fertigung des rechten Teiles mit der Göttin und der Königin verhindert.«[8])

J. BÖRKER-KLÄHN bietet eine andere Erklärung dafür an, daß der größte Teil des Felsbildes in der Bosse stehengeblieben ist.[9]) So wie der bekannt schlechte Gesundheitszustand Hattuschilis III. Anlaß für die Forcierung der Arbeiten an dem Relief war, so daß sogar »Schriftkundige provinziellen Niveaus« hinzugezogen wurden, so könnte auch die unverhoffte Besserung einen Abbruch der Arbeiten nach sich gezogen haben. Der König erreichte immerhin ein angemessen hohes Alter.

Die Reichspolitik verfolgt spätestens seit Schuppiluliuma I. zielstrebig ein langfristig angelegtes Programm, das auf die Erringung der Vormachtstellung in Mesopotamien und zumindest auf die Ebenbürtigkeit mit Ägypten abzielt. Bei Hattuschilis kränklicher Natur muß Puduhepa ihre Position mehr als üblich stärken, wenigstens solange, bis der gemeinsame Sohn Tuthalija seinem Vater auf den Thron folgen kann. So betrachtet dienen die Aktivitäten der Priestertochter Puduhepa der Staatsräson und nicht irgendwelchen emanzipatorischen Profilierungsbestrebungen. Ramses II. von Ägypten nennt in seinem Briefwechsel anläßlich der bevorstehenden Hochzeit mit der hethitischen Großkönigstochter nicht nur Hattuschili als Adressaten, sondern auch Puduhepa, was sicherlich nicht auf die Galanterie des ägyptischen Pharao zurückzuführen ist, sondern auf die Machtposition der Herrscherin.

Die Großkönigin (»Tawananna«) Puduhepa ist die interessanteste und mächtigste aller Königinnen, wir wissen sehr viel über sie aus Aufzeichnungen. Diese bestehen aus vielen Briefen, Gebeten, Gelübden und religiösen Inschriften, die sie aufzeichnen ließ. Sie ist nicht nur Tochter eines Priesters, sondern selbst Priesterin im Dienste der Göttin Ischtar. Aus der Autobiographie Hattuschilis erfahren wir, daß er Puduhepa nicht um ihrer schönen Augen willen geheiratet habe, sondern weil Ischtar es ihm im Traum befohlen hatte.[10]) Zu der besonderen Stellung der Königin paßt auch, daß sie einen »theophoren« Namen trägt, d.h. daß in ihm der Namen einer Gottheit steckt, in unserem Fall der der hurritischen obersten

Göttin Hepat.

Wie bereits gesagt, ähneln die beiden linken Bildteile einander: König und Königin libieren vor Altären, die zu bestimmten Gottheiten gehören. Sie treten vor den Gottheiten im Göttergewand auf, was den »erst anläßlich ihres Todes deifizierten hethitischen Herrschern bei Lebzeiten nur in ihrer Funktion als Oberpriester eines Reichskultes zugestanden haben kann«.[11]

»Beide Handlungen sind durch die Konfrontation von Mensch und Gottheit bestimmt, stehen nebeneinander und sind nur dadurch als Einheit gekennzeichnet, daß sie in ein schmales, aber langes, gemeinsames Bildfeld mit einer nahezu horizontalen Grundlinie und einer etwas unruhigeren oberen Begrenzung komponiert sind. [...] Daß hier in Firaktin nicht der König allein, sondern mit der Königin zusammen die kultische Handlung ausführt und dieses Geschehnis ohne Zweifel an einem besonders bezeichnenden Ort im Bilde festgehalten worden ist, erklärt sich aus der ganz ungewöhnlichen Stellung, welche diese Großkönigin der Überlieferung nach am Hof, aber auch in außenpolitischen Belangen eingenommen hat.«[12]

Kaum Schwierigkeiten bereitet die Lesung des rechten Teils; die einzelnen Zeichen sind durch ihre charakteristischen Umrisse zu identifizieren. Die wohl einleuchtendste Lesung lautet heute: »Tochter des Landes Kizzuwatna, geliebt von den Gottheiten«.[13] (Die Priestertochter Puduhepa stammt aus dem Lande Kizzuwatna, das mit dem heutigen und antiken Kilikien identisch ist.) J. BÖRKER-KLÄHN sieht in dem Felsbild »eine handfeste Propaganda der Dynastie«[14]. So übersetzt sie denn auch die Inschrift mit: »Des Kizwatna-Landes Tochter liebe!«, also eine Aufforderung an die Vorüberziehenden. So gesehen ist die Inschrift eine Loyalitätsverpflichtung Puduhepa gegenüber.

Oben auf dem Plateau sind mindestens zwei Libationsmulden[15], die größere kann wegen ihrer Tiefe (mind. 50 cm) schon eher als Loch bezeichnet werden. Sie hatten wahrscheinlich eine Weihefunktion, bei kultischen Handlungen wurden Flüssigkeiten hineingegossen. BITTEL meint, daß das Loch vielleicht zum Einstecken einer Stange, u.U. eines Flaggenmastes gedient haben könnte. Andere Spuren fanden er und R. NAUMANN im Mai 1939 nicht: »Es war uns bald klar geworden, daß hier weder eine Ansiedlung noch Befestigungswerke alter Zeit gelegen haben können.«[16]) 300 m östlich des Reliefs entdecken sie eine bronzezeitliche Siedlung, die 1947 von Tahsin ÖZGÜÇ ausgegraben wird, ebenso wie der 1800 m entfernte Hüyük.[17])

Die türkischen Ausgräber legen die Fundamente eines 12 x 9 m großen prähistorischen Hauses aus Andesit(?) frei, die Außenwände waren 0,9 m, die Innenwände 1 m dick. Es bestand aus drei parallelen, schmalen Räumen und mußte von der Treppensetzung her über zwei Geschosse verfügt haben. Die Keramik und Werkzeuge aus Obsidian weisen auf das III. Jahrtausend hin. Dieses Einzelhaus könnte, so ÖZGÜÇ, wohl einem reichen Grundbesitzer gehört haben. Andere Gebäude werden nicht gefunden.[18])

---

1) A.H. SAYCE, Frasers Magazine August 1880, 223.
2) W.M. RAMSAY/D.G. HOGARTH, Pre-Hellenic Monuments of Cappadocia, Receuil de traveaux relatifs à la philologie et à l'archéologie Egyptiennes et Assyriennes 14 (1893) 87 f.
3) E. AKURGAL, Die Kunst der Hethiter (1961) 81.
4) E. MEYER, Reich und Kultur der Chetiter (1914) 106.
5) K. KOHLMEYER, Acta Praehistorica et Archaeologica 15 (1983) 73.
6) Ebda.

7) K. BITTEL spricht von weichem Andesit in: Archäologischer Anzeiger 54 (1939) 565.
8) K. BITTEL, Die Hethiter (1976) 188.
9) J. BÖRKER-KLÄHN, Oriens Antiquus 19 (1980) 44 f.
10) M. DARGA, MANSEL'E Armagan, Festschrift MANSEL (1974) 939 f.
11) J. BÖRKER-KLÄHN (Anm. 9) 41.
12) K. BITTEL (Anm. 8) 187 f.
13) K. KOHLMEYER (Anm. 5) 72.
14) J. BÖRKER-KLÄHN (Anm. 9) 45 f.
15) D. USSISHKIN nennt sie »cup-marks«: Anatolian Studies 25 (1975) 85 f. »Schalensteine« bei P. NEVE, Istanbuler Mitteilungen 27/28 (1977/78) 61 ff.
16) K. BITTEL (Anm. 7) 566.
17) T. ÖZGÜÇ, Türk Tarih Kurumu Belleten 12 (1948) 266 f.
18) T. ÖZGÜÇ, Anatolia 1 (1956) 65 ff.

(21) Die Felsritzungen von Tasci

Das Dorf Tasci (heute: Bakirdagi) liegt 60 km südöstlich von Kayseri und östlich von Fraktin am Fuße des Antitaurus, die Teerdecke auf der Straße von Develi nach Osten ist bis zur Abzweigung nach *Imamkulu (Nr. 22)* in den letzten Jahren weitergeführt worden. Südlich des Dorfes befinden sich an einer Talwand die zwei voneinander getrennten Felsbildgruppen I und II.

Wir fahren von Develi kommend scharf rechts in den Ort hinein bis zu dem großen Platz, folgen dann dem Weg nach Süden zwischen den Häusern hindurch bergauf und wieder bergab, bis wir nach 2300 Metern kurz vor einer Brücke über einen Zufluß des Zamanti-su (heute: Yenice Irmak) wieder das Flußniveau erreicht haben. Auf großen Steinen balancierend überqueren wir den Fluß und sehen das Relief I an der senkrechten Felswand, in Höhe des ersten »Kataraktes«, rechts von der Baumgruppe. 40 Meter weiter stromaufwärts befindet sich Felsbild II.[1]) Sie ersparen sich viel Zeit und Mühe, wenn es Ihnen gelingt, in Tasci einen Ortskundigen zu finden, der Ihnen den Weg und den genauen Ort zeigt. Scharfe Augen und ein geschulter Blick erleichtern vor allem hier die Suche. Zum Photographieren eignet sich nur die kurze Zeit ganz kurz vor Mittag, wenn die Sonne am höchsten steht und die Ritzungen streift.

Eigentlich grenzt es an Übertreibung, im Fall Tasci von »Reliefs« zu sprechen, handelt es sich doch hier weit eher um Ritzungen, die durch Verwitterung und Hochwasser sehr gelitten haben, so daß an manchen Stellen die Unterscheidung von natürlichen Felsrissen schwer fällt.[2]) Eine genaue Bildbeschreibung und die Lesung der Beischriften ist deshalb schwierig. Allein in den letzten zehn Jahren ist die Verwitterung bzw. Zerstörung deutlich erkennbar fortgeschritten.

Felszeichnung I zeigt in der rechten Hälfte einer geglätteten Fläche drei nach rechts ausgerichtete Personen, über ihnen und links befinden sich die Hieroglyphenbeischriften. Das Felsbild II. ist wesentlich besser erhalten. Wir sehen wiederum eine nach rechts gerichtete Figur mit Hieroglyphen über und unter ihrem ausgestreckten Arm.

Tasci I (Photo von K. Kohlmeyer)

Zeichnung I wurde 1906 von Hans ROTT entdeckt. »Inmitten der schauerlich schroffen Felswände einer dunklen Talschlucht [...] an der Stelle, wo der Pfad aus der Felsspalte über den Bergsattel nach Taschdji hinüberleitet«[3]) stößt er auf die Reste einer hethitischen Inschrift: »Ein Teil der Inschrift steckt offenbar noch in der Erde, ebenso wie die Figuren, deren Oberteile eben noch sichtbar sind. Es scheinen zwei Personen dargestellt zu sein, die sich nach rechts bewegen,«[4]) eine dritte Gestalt erkennt er offenbar nicht.

Umzeichnung von Tasci I (nach: Gelb, HHM)

Obwohl besser erhalten, wurde Felsbild II erst 1947 von Sedat ALP, Ekrem AKURGAL und Mc CALLIEN auf einer gemeinsamen Reise gefunden. H. GÜTERBOCK, der 1974 Tasci aufsuchte, konnte im Gegensatz zu den Entdeckern nur ein einziges Hieroglyphenzeichen unter dem erhobenen Arm des Mannes erkennen, und zwar eines der verschiedenen Handzeichen; ein Name ließ sich daraus nicht gewinnen.[5])

Ritzung I mit den drei Figuren und den Beischriften an der senkrechten Felswand hat in der unteren Hälfte stark gelitten, so daß die Personen erst ab Arm aufwärts auszumachen sind. Die beiden rechten Figuren sehen sich ähnlich,[6]) die Rundkappe weist sie als männlich aus. Die dritte, linke Person trägt lt. K. KOHLMEYER ein über dem Kopf quer verlaufendes Band. Vom Kopf fällt ein Tuch lang herab; es entspricht der Kopfbedeckung der Königin und weiblicher Gottheiten, auch wenn es nicht zu einer Radhaube hochgebunden ist. Wir haben es hier also mit einer Frau zu tun.[7] H.Th. BOSSERT sieht in den Abgebildeten dagegen eine Prozession von Prinzen.[8] Auch die Namenshieroglyphe eines Großkönigs Hattuschili (s. Abb.) bringt uns weder zu einer genauen Lesung des gesamten Textes noch zu einer Deutung. Bei dem König wird es sich »wegen des fortgeschrittenen Stadiums der Hieroglyphenschrift« höchstwahrscheinlich um Hattuschili III. handeln.[9]

Die Gestalt auf Felsritzung II ist vom Kopf bis zum Rocksaum vollständig erhalten. J. BÖRKER-KLÄHN sieht in ihr durch die Übereinstimmung der Tracht mit der des Großkönigs Muwatalli in *Sirkeli (Nr. 31)* ein Königsbild. »Auch der Gestus der erhobenen Hand ist derselbe: Der Großkönig spricht.«[10] K. KOHLMEYER hingegen erblickt eine Gestalt im Priestergewand mit Rundkappe. Ihre rechte Hand hat sie grüßend zur Faust geballt, ihre linke ist ausgestreckt und »hält - für eine menschliche Gestalt äußerst ungewöhnlich - das Heilszeichen.«[11]

K. KOHLMEYER stellt fest, daß für die Anbringung der Felsritzungen weniger eine besondere verkehrsgeographische Lage maßgeblich gewesen sei, sondern vielmehr die Nähe zum Wasser, dem Ort, an dem die Schicksals- und Unterweltgottheiten beschworen werden. Vermutlich handelt es sich bei I um die Darstellung zweier Priester und einer Priesterin, vielleicht Diener des Hattuschili, und bei II um einen Priester. Ebenso könne man vermuten, daß die Stifter als Priester und Priesterin für ihren König Hattuschili betend dargestellt sind.[12]

PS: In der Dorfschmiede am östlichen Ortsausgang links arbeitete zu unserem Glück im Sommer 1987 ein einfallsreicher Traktorspezialist, der sich mit begnadeten Händen erfolgreich unseres Motors annahm.

---

1) K. KOHLMEYER in: Acta praehistorica et archaeologica 15 (1983) 78 schreibt 100 m; F. STEINHERR meint dazu, »95 m weiter östlich« (Istanbuler Mitteilungen 25 (1975) 313).

2) K. KOHLMEYER (Anm. 1) 75 macht dafür zu Recht die Brüchigkeit des Kalksteins verantwortlich.

3) H. ROTT, Kleinasiatische Denkmäler aus Pisidien, Pamphylien, Kappadokien und Lykien (1908) 174.
4) So urteilt L. MESSERSCHMIDT nach dem Studium der ROTTschen Photographien in: (Anm. 3) 178.
5) H. GÜTERBOCK, MANSEL'E armagan (Festschrift MANSEL) (1974) 424.
6) Die erste Gestalt ist jetzt nahezu unkenntlich.
7) K. KOHLMEYER (Anm. 1) 75.
8) H.Th. BOSSERT, Altanatolien (1942) 57 f.
9) J. BÖRKER-KLÄHN, Altvorderasiatische Bildstelen und vergleichbare Felsreliefs, Baghdader Forschungen 4 (1982) 262.
10) Ebda.
11) K. KOHLMEYER (Anm. 1) 78.
12) Ebda. 80.

(22) Der Felsblock von Imamkulu

Imamkulu liegt ca. 70 km südöstlich von Kayseri, östlich von Fraktin, einige Kilometer nördlich der Straße Develi-Bakidagi (Tasci)-Tufanbeyli bzw. Saimbeyli. Der Felsblock mit dem dreigliedrigen Relief (ca. 3,60 x 2,00 m) aus der Großreichszeit befindet sich etwa 2 km südwestlich des Dorfes; das Bildfeld mit einem Kleinfürsten als Stifterfigur bot und bietet auch heute noch Anlaß für viele z.T. sehr verschiedene Interpretationen.

8 km hinter Bakirdagi, auf der Strecke nach Tufanbeyli, überqueren wir eine kleine Brücke. (Bis hier ist die Straße geteert.) Gleich dahinter biegt ein Weg nach links ab, Wegweiser »Köseler Köyü 5 km«. Wir folgen ihm durch ein anfangs ziemlich breites Tal bachaufwärts, durchfahren die Ortschaft Köseler und wenden uns dann nach Osten. Das nächste Dorf ist dann schon Imamkulu. Von der Abzweigung bis zu diesem Ort sind es 9 km. Wenn Sie kurz vor dem Dorf sind, sehen Sie rechts in ca. 350 m Entfernung vom Weg ein allein stehendes Haus, in dieser Richtung liegt der Stein auf einem schwach nach vorn geneigten Geröllfeld.

Am Anfang des Dorfes biegen wir rechts, gegenüber der Schule, noch vor der Moschee, ab, überqueren einen kleinen Wasserlauf, folgen ihm gegen Süden aufwärts und lassen dann den Wagen an einer breiteren Stelle der Fahrspur stehen. Wir halten uns jetzt halblinks, bis wir knapp unterhalb des Plateaus auf den Felsblock stoßen. Das Relief blickt nach Nordnordwesten; es wirft am Nachmittag zum Photographieren den besten Schatten.

Entdeckt wurde das Relief 1934 während einer Studienreise von M. Kemaleddin KARAMETE, einem Französischlehrer aus Kayseri,[1]) der sich um die Erforschung der Altertümer rund um Kayseri sehr verdient gemacht hat.

Kurt BITTEL schildert 1939 die abgebildeten Szenen: »Beim Hauptbild tragen drei Atlanten (vgl. Iflatun Punar [*Nr. 6*]) drei Wesen mit Spitzmützen auf den stark vornüber geneigten Köpfen (genau so in Yazilikaya unter dem männlichen Hauptgott), die ihrerseits als Stütze dienen für einen Gott mit Keule, der im Begriffe ist, einen mit Stier(en) bespannten Wagen zu besteigen. [...] Links von diesem Hauptbild befindet sich eine Figur mit Stock und Schnabelschuhen und rechts eine geflügelte Gottheit mit Stab auf einem vielästigen Lebensbaum.«[2])

Die zwei Hieroglyphen-Beischriften befinden sich über der linken Hand der auf den Wagen steigenden Mittelfigur und über dem Stab der linken Figur. Sie sind beide z.T. stark verwittert und erklären somit die verschiedenen Lesarten. Max Freiherr v. OPPENHEIM stellt 1937 ihre Existenz infrage.[3])

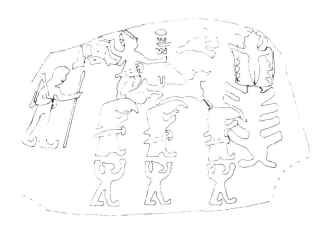

Imamkulu (Umzeichnung: K. Kohlmeyer, APA 15)

Die Figur links weist sich durch die Beischrift über dem Stab als Prinz aus, es dürfte sich hier um die Stifterfigur handeln. Bewaffnet ist der Prinz mit einem über die rechte Schulter gehängten Bogen und einem auf der linken Seite getragenen Schwert; die linke Hand hält einen Stab, der bis in Kopfhöhe reicht. Folgen wir Markus WÄFLER in seiner Argumentation, dann handelt es sich hier um den Prinzen Teschub, der später, als hethitischer König, den Thronnamen Muwatalli angenommen hat. Das Relief wäre dann in der späten Regierungszeit

Das Felsmonument bei Imamkulu (Foto: K. Dornisch)

Murschilis II., also um 1300 etwa entstanden.[4])

Jutta BÖRKER-KLÄHN lehnt diese Datierung »rundweg« ab:[5]) »Der Bearbeiter [WÄFLER] geht nämlich davon aus, jeder großreichszeitliche König habe einen hurrisch lautenden Geburtsnamen besessen und anläßlich seiner Thronbesteigung einen anatolischen Namen angenommen, Muwatalli also x—Teschub als Prinz geheißen. [...] Tatsächlich handelt es sich jedoch bei der Mutmaßung, alle Großkönige der Schuppiluliuma-Dynastie hätten vor der Annahme eines anatolischen Thronnamens einen hurrischen Geburtsnamen geführt, um eine aus dem Falle Urhi-Teschub = Murschili III. abgeleitete, m.E. unzulässige Verallgemeinerung.« Doch es ist mehr als fraglich, ob sich heute mit dieser Argumentation allein eine einigermaßen genaue Datierung erschließen läßt. Nicht viel anders dürfte es bei den stilistischen bzw. ikonographischen Mitteln aussehen. Der ziemlich verwitterte Zustand des Reliefs läßt weder eine exakte Lesung noch einen aussagekräftigen Stilvergleich zu; nur so kommt es zu den verschiedenen Interpretationen.

Das Mittelfeld des Reliefs besteht aus drei übereinander angeordneten Gruppen, deren Glieder alle nach rechts gerichtet sind. Ganz unten sehen wir drei Mischwesen mit Menschenkörpern und Felidenköpfen,[6]) die mit ihren erhobenen Armen je eine tief gebeugte Figur mit Zipfelmütze tragen. Wir kennen sie aus *Yazilikaya (Nr. 18)* als Berggötter.

Die gekrümmten Rücken dieser drei Götter tragen einen Gott, der einen mit einem Stier[7]) bespannten Wagen zu besteigen scheint. Dieser Gott ist durch die Hieroglyphe »W« als Wettergott des Himmels[8]) bestimmt; die Stiere Hurri und Scheri sind seine heiligen Tiere. Bewaffnet ist der Wagenlenker mit einer Keule in der rechten Hand und einem Schwert an der linken Seite. Wie in *Hanyeri (Nr. 23)* wird hier ein hierarchisches Verhältnis angedeutet: Die Berggötter stehen auf Dämonen, und über ihnen allen jagt der Wettergott mit seinem Wagen dahin.

Noch immer gibt die rechte Gruppe des dreigliedrigen Reliefs die größten Rätsel auf. DELAPORTE glaubt, einen Vierfüßler mit erhobenem Schwanz und langen Ohren zu sehen, über ihm ein vierflügeliger Genius mit einem gewundenen Stab oder einer Schlange, die in einem Tierkopf enden. Zwischen den mutmaßlichen Hieroglyphen (in der Abb. gepunktet) und dem Genius würde ein Vogel fliegen.[9])

OPPENHEIM sieht diesen Vogel ebenfalls, darüber hinaus »ein baumartiges Gebilde, auf diesem eine nach links gewandte Göttin. Von ihren Schultern scheinen zwei Flügel in die Höhe zu ragen. Ausserdem sehe ich einen dritten Flügel am Rücken herabfallen. [...] Auf dem Kopf trägt die Göttin anscheinend eine Federkrone.« Der Stab würde einen Knauf in Gestalt eines Löwenkopfes haben.[10])

Diese Göttin wird von v. OPPENHEIM als »altsubaräische Hepet« (althurritische Hepat) interpretiert. Sie sei dann »aber bei den Hettitern zur grossen weiblichen Sonnengottheit, der Sonnengöttin von Arinna, geworden.« Der Gott auf dem stierbespannten Wagen entspräche dem subaräischen Teschup; er sei »von den Hettitern als ihr Hauptgott, der Sonnengott des Himmels, angesprochen worden.« Der Vogel zwischen den beiden Hauptgottheiten sei der subaräische Sonnengott Schimike, so daß die Sonnengottheit, die an der Spitze des hethitischen Pantheons stand, auf dem Relief von Imamkulu insgesamt dreimal dargestellt sei.[11])

Rund 30 Jahre später besuchen Markus WÄFLER und R.M. BEHM-BLANCKE Imamkulu. In dem »Vierfüßler« bzw. »baumartigen Gebilde« erblicken sie einen »nur unzureichend zu definierenden Gegenstand«, auf ihm steht eine zweiflügelige, nach links gewandte weibliche Figur, »die auf dem Kopf eine in fünf Zacken auslaufende Krone trägt und in den ausgestreckten Händen die fallenden Säume ihres geöffneten Gewandes bzw. einen gerafften Schleier zu halten scheint.«[12]) Eine nackte Göttin zeigt sich hier dem Wettergott mit seinem Gespann.

Eine ganz andere Interpretation des »baumartigen Gebildes« bieten jetzt P. SPANOS und R.M. BEHM-BLANKE. Sie stellen zur Diskussion, ob dieser »Baum« nicht eine Gruppe von Vögeln (Adler?) sein könnte, auch wenn beim obersten der Kopf nicht sichtbar sei.[13]) Diese »zoomorphe Junktur«, nämlich die vier Adler, sei dann natürlich auch mit vierfachen Kräften ausgestattet.[14])

Eine mythologische Deutung des Bildinhaltes erwägt J. BÖRKER-KLÄHN:[15]) »Ein Wettergott, die sich entschleiernde

Göttin und ein Vogel spielen Hauptrollen in dem nach Kleinasien entlehnten Asertu-Mythos.« Seine Grundidee ist die, daß die Göttin Asertu anfangs vergeblich versucht, den Wettergott zu verführen. Doch es gelingt ihrem Gatten Elkunirsa schließlich, sie dem Gott erfolgreich anzubieten. Es kommt jedenfalls zu einem Zusammentreffen zwischen den beiden, das von der Göttin Ischtar in der Gestalt eines Vogels belauscht wird. Möglicherweise ist Elkunirsa irgendwie (als heimlicher Beobachter?) mit dem baumähnlichen Gebilde unter der nackten Göttin in Verbindung zu bringen. Soweit J. BÖRKER-KLÄHN mit ihrer Hypothese. Schon HROZNY hatte diesen Gedanken erwogen und den Faden sogar noch weiter gesponnen: Er zieht eine »Parallele zu der alttestamentlichen Geschichte von Potiphar's Frau«.[16]

Ob hier in Imamkulu der Ort der Verführung des Wettergottes verehrt wurde, muß also dahingestellt bleiben. Die lokale Bedeutung des Reliefs ließe sich allenfalls mit seiner verkehrsgeographisch herausragenden Lage erklären, das Flüßchen am Fuß der Erhebung führt nur sporadisch Wasser, spielt also für das Relief wohl kaum eine Rolle.

1) L. DELAPORTE, Révue Hittite et Asianique 3 (1935) 163.
2) K. BITTEL, Archäologischer Anzeiger 54 (1939) 132.
3) M. Frhr. v. OPPENHEIM, Archiv für Orientforschung 11 (1937) 341 ff.
4) M. WÄFLER, Mitteilungen der Deutschen Orient-Gesellschaft 107 (1975) 26.
5) J. BÖRKER-KLÄHN, Zeitschrift für Assyriologie 67 (1977) 67 f.
6) K. KOHLMEYER, Acta praehistorica et archaeologica 15 (1983) 82 f. WÄFLER hält sie für Vogelköpfe: (Anm. 4), was KOHLMEYER auf eine falsche Umrandung des Konturen des linken Mischwesens zurückführt.
7) S. ALP meint, hier seien zwei Stiere, einer ist dem Beschauer unsichtbar, Archiv Orientální XVII 1-2 (1950) 2, Anm. 8.
8 Vgl. dazu auch U. CALMEYER-SEIDL, W, Beiträge zur Altertumskunde Kleinasiens, Festschrift BITTEL (1983) 151 ff.
9) L. DELAPORTE (Anm. 1) 164.
10) M. Frhr. v. OPPENHEIM (Anm. 3) 342.
11) Ebda. 349 f.
12) M. WÄFLER, (Anm. 4) 20.

13) Mündliche Mitteilung im Nov. 1987. - K. DORNISCH möchte in diesem Fall »den Maikäfer in die wissenschaftliche Diskussion bringen, dessen schokoladener Verwandter [hätte nämlich] ein der Imamkulu-Form ähnliches Papp-Bein-Arrangement als Unterlage.« (Schriftliche Mitteilung vom Dez. 1987).
14) R.M. BEHM-BLANCKE, mündliche Mitteilung im März 1988.
15) J. BÖRKER-KLÄHN, (Anm. 5) 71. Sie nennt als Quelle E. von SCHULER in: W. HAUSSIG (ed.), Wörterbuch der Mythologie II (1965) 159 s.v. Asertu.
16) B. HROZNY, zitiert nach: Mitteilungen der Deutschen Orient-Gesellschaft 85 (1953) 38.

(23) Das Felsrelief von Hanyeri am Gezbel

Das Dorf Hanyeri liegt im Antitaurus an der antiken Paßstraße aus dem anatolischen Hochland über den Gezbel nach Kilikien und Nordsyrien. Sie verläuft hier von Develi über Tasci (Bakirdagi) nach Tufanbeyli bzw. Saimbeyli. In der Nähe erhebt sich der Bey Dag mit 3054 m. Das Relief zeigt eine männliche Gestalt mit Bogen und Lanze, ihr gegenüber steht ein viel kleinerer Stier auf einem Berggott und einem Altar.

Östlich vom Paß Gezbel (1960 m hoch), der die Grenze zwischen den Provinzen (Vilayets) Kayseri und Adana bildet (Hinweis an der Straße), ist Hanyeri das nächste Dorf. Das Relief befindet sich ca. 300 m vor dem Ortsschild »Hanyeri« auf der linken Seite, direkt an der Straße in 4 m Höhe, am Ende einer Linkskurve, etwa 20 m vor einer scharfen Rechtskurve. Die Front blickt nach Osten, zum Dorf. Eine Zufahrt von

Felsrelief bei Hanyeri (nach: AA 1940, 561 f.)

Osten her ist vor allem im Frühjahr, wenn die Straße noch nicht vom heruntergeschwemmten Geröll geräumt ist,

Das Felsrelief bei Hanyeri (Foto: K. Dornisch)

schwieriger.

Wenn das Felsbild im Schatten liegt, also am Nachmittag oder bei bewölktem Himmel etwa, werden Sie Schwierigkeiten haben, etwas zu erkennen. Gerade hier kommt es auf günstiges Streiflicht an, das Sie am späten Vormittag antreffen.[1])

Das Relief wurde im Sommer 1939 von Ali Riza YALGIN, dem damaligen Direktor des Museums in Adana, entdeckt, nachdem er von seiner Existenz benachrichtigt worden war. Er berichtete darüber zum ersten Mal am 12.10.1939 in der in Ankara erscheinenden Tageszeitung Ulus.[2]) Anfang Oktober 1945 besucht BOSSERT zusammen mit YALGIN und einigen seiner Schülern das Relief am Gezbel.[3]) Er vermißt es (Breite einschließlich Inschriften 3,30 m, Höhe 2,35 m) und fertigt nur vom linken Teil Abklatsche an, da inzwischen bei einer Temperatur um den Gefrierpunkt heftiger Schneeregen eingesetzt hat.

Das sehr flach gearbeitete Relief gliedert sich in drei Teile: In der Mitte steht eine überlebensgroße männliche Gestalt mit geschultertem Bogen und einer Lanze in der rechten Hand. Zwischen Lanzenspitze und Kopf befinden sich Hieroglyphen. Der rechte Teil besteht nur aus einer spiegelsymmetrischen Inschrift.

Auf dem linken Teil, der nur die obere Hälfte einnimmt (ebenso wie der rechte), sehen wir einen nach rechts springenden Stier mit einem Buckel, der mit den Vorderbeinen auf einem Berggott ruht. Daß es sich um einen solchen handelt, erkennen wir an seiner mit Hörnern besetzten Spitzmütze und dem Schuppenrock (wie in *Yazilikaya, Nr. 18b*). Über dem ausgestreckten Arm des Berggottes befinden sich wiederum Hieroglyphen.

BITTEL meint 1940, die Hinterbeine des Stieres »stehen auf einem etwas zerstörten kleineren Gebilde auf, das höchstwahrscheinlich ein Berg in Form eines abgestumpften Kegels ist.«[4]) Auch GÜTERBOCK sieht in jenem »Gebilde« einen »Kegelstumpf, eine bekannte Form der Bergdarstellung.«[5]) (BITTEL und GÜTERBOCK haben zu dem Zeitpunkt das Original noch nicht gesehen, sondern beschreiben das, was sie auf einem Photo von YALGIN erkennen.) BOSSERT erblickt in jenem Herbst 1945 zwei Berggötter als Träger des Stieres[6]) und um die

Das Felsrelief bei Hanyeri (Photo: K. Kohlmeyer)

Verwirrung vollzumachen, sieht 1976 BITTEL jetzt plötzlich »zwei Berggötter, die auf Stieren stehen«.[7])

Für Kay KOHLMEYER ruht der Stier mit seinen Hinterbeinen »auf einem Altar, der im Unterteil konisch, sich nach oben verengt, und im Oberteil als zylindrische Platte wieder auslädt.« Und eben dieser Platte wegen entfiele »die wesentlich plausiblere Annahme eines stilisierten Berges«.[8]) Die linke Beischrift heißt lt. KOHLMEYER »Starker König der Berge, Scharruma«, sie enthält außerdem den Namen des abgebildeten Berggottes.[9])

Die große mittlere Gestalt mit Schurzrock und Schnabelschuhen trägt über der linken Schulter einen Bogen, in der rechten Hand hält sie eine stehende Lanze. Vom umgegürteten Schwert ragt nur der halbmondförmige Griff hinter dem Körper hervor. Auf dem Kopf trägt sie eine kalottenförmige Mütze; Auge und Ohrring sind bei besten Lichtverhältnissen noch zu erkennen. K. KOHLMEYER glaubt in der »ungeschickten« Proportionierung der Körperteile evtl. einen Hinweis darauf sehen zu können, ob das Relief zu Muwatallis Zeit oder früher geschaffen worden ist; zusammen mit der Lesung der linken Beischrift als Prinz Kuwatnamuwa würde sich eine Datierung in die Zeit kurz vor Murschili II. ergeben.[10])

Die Beischrift rechts des Bogens ist axialsymmetrisch, sie enthält weiterhin einen Prinzennamen, der sich jedoch nicht identifizieren läßt.

Als wir langsam in das Dorf hineinfahren, überholen wir einen Greis mit schlohweißem Haar und Pudelmütze, der, auf seinen Stock gestützt, uns den Rücken zuwendet und den Weg hinunter, ins Dorf blickt. Wir halten an und erkundigen uns nach dem Relief. Er meint, daß wir schon dran vorbeigefahren seien, und bedeutet uns, den Wagen abzustellen und dann mit ihm wieder zurückzugehen. Gesagt, getan. Langsam schreitet er mit uns den Weg wieder hinauf. Mittlerweile hat der Patriarch doch gemerkt, daß unser Türkisch doch etwas mangelhaft ist und gibt sich deshalb alle Mühe, langsam und deutlich zu sprechen. So erklärt er uns dann, als wir vor dem Relief stehen, mit weit ausholenden Gesten, was es darstellt. Ich habe heute noch die Klangmalerei im Ohr, mit der er uns auf den Stier aufmerksam macht.

Die Einladung zum Tee dürfen wir natürlich nicht ausschlagen. So folgen wir dem würdevollen Greis zu dem zweigeschossigen Haus, das an den Hang gebaut ist und mit der Front ins Tal blickt. Die Wohnräume im ersten Stock sind über eine Außentreppe zu erreichen. Im größten Raum werden wir auf die Sitzkissen gebeten. Bald wird der Tee gereicht, und nur wenig später wird ein »sofra« (kurzbeiniger Eßtisch) hereingetragen, auf dem eine etwas verfrühte Abendmahlzeit steht.

Die Kinder, die uns schon auf dem Weg umquirlt haben, aber immer in gebührenden Abstand zum Patriarchen, haben inzwischen einen Dolmetscher geholt: ein etwa zwölfjähriger Junge, der im Kohlenpott aufgewachsen sein muß, wie wir unschwer an seiner Aussprache erkennen können. Seine erste Frage lautet, was wir denn ausgerechnet hier in dieser langweiligen Gegend suchen. Er scheint sich für die Dürftigkeit »seines« Dorfes zu schämen: »Hier ist doch nichts los!« Viel lieber würde er uns wohl das neue Einkaufszentrum von Wanne-Eickel präsentieren.

---

1) Die m.E. beste Photographie ist bei M. RIEMSCHNEIDER, Die Welt der Hethiter (1965) T. 7 oben zu finden. Umzeichnungen bringen die Einzelheiten nur wenig besser als diese Abb.
2) K. BITTEL, Archäologischer Anzeiger 1940, 560.
3) H.Th. BOSSERT, Orientalia NS 23 (1954) 129 ff.
4) K. BITTEL (Anm. 2) 563.
5) H.G. GÜTERBOCK, Halil Edhem Hatira Kitabi I (1947) 69.
6) H.Th. BOSSERT (Anm. 3) 130.
7) K. BITTEL, Die Hethiter (1976) 186. Er bringt hier offenbar unten und oben durcheinander.
8) K. KOHLMEYER, Acta praehistorica et archaeologica 15 (1983) 87 Anm. 815. KOHLMEYERS Umzeichnung des Gegenstandes, auf dem die Hinterbeine des Stieres stehen, erinnert sehr stark an einen Altar, wie er z.B. in Fraktin (Nr. 20) dargestellt ist.
9) Ebda. 89.
10) Ebda. 88 ff.

(24) Das hethitische Staubecken von Karakuyu

Das kleine Dorf Karakuyu (»Schwarzer Brunnen«) liegt im Herzen der Uzunyayla[1]), 6 km nördlich der sehr gut ausgebauten Ost-West-Verbindung von Malatya nach Kayseri, an der nördlichsten Stelle der Straße, etwa auf halbem Wege zwischen Gürün und Pinarbasi. Südöstlich des Ortes befindet sich ein großes Staubecken aus der hethitischen Großreichszeit.

Zum Staubecken von Karakuyu kommt man auf der Straße von Kayseri nach Malatya; knapp 40 km hinter Pinarbasi befinden sich auf der rechten Straßenseite eine Lokanta und eine Tankstelle. Nach links, Norden, geht eine Teerstraße in Richtung Örensehir (Wegweiser!) ab. Ungefähr 100 m vor dem zweiten »Vorsicht! S-Kurve!«-Schild lassen Sie den Wagen stehen. Sie gehen jetzt nach Osten auf dem Feldweg entlang, bis Sie auf die Stauböschung stoßen. In nordöstlicher Richtung sehen Sie eine ganz neue Staumauer weit größeren Ausmaßes.

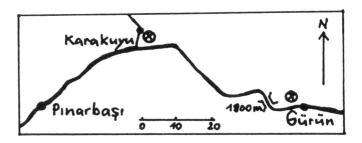

Im Sept. 1931 unternimmt Hamit Zübeyr KOSAY, Generaldirektor der Staatlichen Museen in Ankara, eine Inspektionsreise von Kayseri nach Malatya. Begleitet wird er von Hans Henning v.d. OSTEN und Calvin Wells MCEWAN, beide von der Universität von Chicago. Am Fuße dreier Bergketten stoßen die Forscher auf ein großes, jetzt trockenes Staubecken, in das in der Regenzeit zwei Flußläufe münden. Der Kopfstein des Ausflusses in der Nordostmauer trägt eine hethitische Hieroglypheninschrift[2]), er ist jetzt im Archäologischen Museum

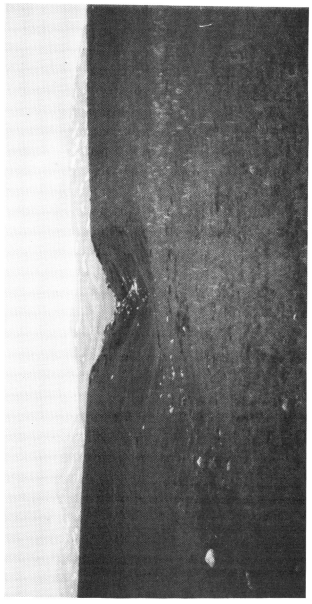

Der Damm des Wasserbeckens bei Karakuyu

in Kayseri zu finden. Ein zweiter anschließender Stein mit unvollendeter Inschrift ist noch in situ, so wie sich die gesamte Schleusenanlage noch heute wie vor über 3000 Jahren zeigt, auch wenn sie jetzt trockengelegt ist und die zufließenden Bäche woanders verlaufen..

Die Inschrift, die jetzt im Museum ist, nennt Tuthalija IV. als Urheber der Anlage. Wir sehen in der Mitte seinen Namen in der charakteristischen Form mit der Flügelsonne, links und rechts die Zeichen für Großkönig. (Vom selben König stammen auch die Reliefs in *Yalburt (Nr. 5)* und einige in *Yazilikaya (Nr. 18)* bei Hattuscha). BITTEL glaubt, daß die zwei Blöcke so, wie sie gefunden wurden, auch von Anfang an gedacht waren, also in ihrer ursprünglichen Lage waren, so daß die Anlage aus dem II. Jahrtausend stammt. Er zeigt sich von der Existenz des Beckens nicht überrascht und argumentiert, daß es im Hethitischen sehr wohl Ausdrücke für »Verschluß eines Kanals« und »Bewässerungsgraben« gibt.[3] R. NAUMANN spricht hingegen von einer »Stauanlage unsicheren Alters, aber wohl eher dem 1. als dem 2. Jahrtausend angehörend«[4]. Er ist der Ansicht, daß die Inschriftblöcke als Spolien in einer sehr viel jüngeren Konstruktion wiederverwendet worden seien. Und wenn NAUMANNS Vermutung stimmt - was war dann die Erstverwendung der Blöcke?

Betrachtet man heute die Staumauer, die noch in ihrer gesamten Breite erhalten ist, fällt einem die große Ähnlichkeit mit der (rekonstruierten) Stadtmauer von Hattuscha auf. Die Böschung erinnert sehr stark an das mit Quadern ausgeschlagene Hangpflaster beim Yerkapi. Obwohl beide Mauern verschiedenen Zwecken dienten, sind sie einander doch sehr ähnlich. Auch aus diesem Blickwinkel ist BITTELS Ansicht wahrscheinlicher.

Als »offene Frage« bezeichnet es BITTEL, ob die Becken von *Yalburt* und *Karakuyu* rein profanen Charakter hatten, also nur der Wasserspeicherung dienten, oder ob es auch Bassins für kultische Zwecke waren.[5] Wenn wir beide Becken und ihre Einbettung in die Umgebung gesehen haben, werden wir Yalburt wohl eher einem kultischen Hintergrund zuordnen: Dort gab und gibt es, so wie das Bassin in der Landschaft liegt, nichts zu bewässern. Auch spricht wohl der lange Text eher gegen eine rein profane Verwendung[6]), im Gegensatz zu Karakuyu, das man durchaus auch als einen nüchternen Zweckbau betrachten kann.

Seit der oberflächlichen Sondierung von 1931 scheint man hier nichts mehr unternommen zu haben. Vergleicht man das Foto von damals mit dem heutigen Zustand, so hat sich in den letzten 55 Jahren so gut wie nichts an der Staumauer und dem Wasserablauf etwas rechts von der Mitte des Dammes geändert, außer daß der Block mit der Inschrift fehlt. Eine genauere Untersuchung der Umgebung würde die exakte Datierung erleichtern.

Als wir im Sommer 1984 zum ersten Mal nach Karakuyu kommen und nach dem Becken fragen, geraten wir durch Zufall an einen älteren Mann, der, wie sich im Gespräch herausstellt, zwölf Jahre bei München gearbeitet hat und dessen Tochter Archäologie studiert. Kein anderer als er hätte uns besser führen können. Er ist, wie sich später herausstellt, tscherkessischer Abstammung und somit ein Nachfahre jener Einwanderer aus Kaukasien, die von 1854 bis 1906 Untertanen des Osmanischen Reiches wurden, weil ihnen in Rußland die Deportation drohte. Sie ließen sich fast überall in der Türkei nieder[7]), so z.B. in den Provinzen Bursa, Adapazari, Samsun und eben auch in Karakuyu. Nach wie vor sprechen die Menschen hier, wenn sie unter sich sind, Tscherkessisch, auch wenn natürlich in der Schule Türkisch gelehrt und gesprochen wird.

Hier auf der Uzunyayla herrscht ein rauhes Klima, so überraschte mich Ende Mai 1986 hinter einer unübersichtlichen Kurve eine geschlossene Schneedecke auf der Fernstraße nach Kayseri. Und auch im Hochsommer kann hier ein Wind wehen, bei dem man sich seine Winterkleidung herbeiwünscht.

1) »Weite Hochebene«, eine äußerst dünn besiedelte, große karge Hochfläche, zwischen Kangal, Bünyan und Gürün, nördlich der Hauptstraße von Malatya nach Kayseri.
2) H.H. v.d. OSTEN, Discoveries in Anatolia 1930-31, Oriental Institute Communications 14 (1933) 123 ff.
3) K. BITTEL, Denkmäler eines hethitischen Großkönigs des 13. Jahrhunderts vor Christus (1984) 13.
4) R. NAUMANN, Architektur Kleinasiens von ihren Anfängen bis zum Ende der hethitischen Zeit (1971) 195.
5) K. BITTEL (Anm. 3) 14.
6) BITTEL irrt, wenn er von einem erheblich größeren Volumen in Yalburt spricht. Genau das Gegenteil ist der Fall. Die Grundfläche und auch das Volumen sind in Karakuyu um ein Vielfaches größer.
7) Auf älteren Landkarten, aber auch heute noch findet man in der Türkei überraschend viele Ortsnamen wie »Çerkezköy« (= Tscherkessendorf).

Karakuyu: Ein Schlußstein des Reservoirs

(25) Die Felsinschriften von Gürün

Die beiden späthethitischen Felsinschriften befinden sich am Ausgang einer Schlucht, durch die der Tohma-su fließt, westlich des Städtchens Gürün auf der Strecke Kayseri-Malatya. Am Vormittag sind sie am besten zu photographieren.

Wenn Sie aus Richtung Malatya kommen, passieren Sie am Ortsausgang von Gürün ein kleines Schild »Gürün 2«, ein Hinweis auf den Bach, über den eine kleine, leicht zu übersehende Brücke führt. Gleich in der Nähe ist auf der rechten Seite ein Hochspannungsmast, an dem oben ein Transformator angebracht ist. Hier zweigt im rechten Winkel ein Weg nach rechts, Norden, ab. Auf diesem Weg fahren Sie knapp 400 m, wobei Sie den Tohma-su überqueren, und biegen dann nach Westen ab. Sie halten sich jetzt immer geradeaus, linkerhand sehen Sie den Fluß, rechterhand werden Sie von einer Stromleitung begleitet. Nach knapp 4 km erblicken Sie vor sich den Ausgang der Schlucht. Fahren Sie in diese Richtung so weit Sie können und lassen Sie dann den Wagen stehen.

Gehen Sie jetzt immer auf die Schlucht zu, bis Sie zu einer dicken Wasserrohrleitung kommen, die über den Fluß führt. Balancieren Sie über das Rohr, es steigt gegen das Ende leicht an und überquert einen kleinen Kanal. Am anderen Ufer angelangt, sehen Sie rechts in 5 m Entfernung an der Felswand die kleinere, besser erhaltene Inschrift. Sie blickt flußabwärts und ist nicht an der Steilwand, sondern an der Felsschulter, die sich am Anfang der Schlucht zum Fluß hinunterzieht. Auf dem isolierten Felskegel 15 m weiter aufwärts befindet sich die größere Inschrift, die besser erhalten ist. Sie blickt nach Norden, zum Fluß. Beide stehen im Relief, sie sind spätestens ab 14 Uhr im Schatten.

Die Inschriften wurden 1879 von Sir Charles WILSON entdeckt. Erste Abklatsche wurden drei Jahre später von Sir William RAMSAY angefertigt. A.H. SAYCE meinte 1908 dazu, ein König von Karkamisch müsse der Urheber gewesen sein,[1] was allerdings heute nicht mehr aufrechterhalten werden kann; der Machtbereich der Könige von Karkamisch erstreckte sich nie so weit über den Taurus nach Norden. Der Name des autonomen

Teilstaats Karkamisch wurde allerdings richtig gelesen. J.D. HAWKINS sagt heute, daß sich in der Inschrift ein König Arnuwantas »Herr des Landes Malatya« nennt, er führt sich zurück auf einen großköniglichen Großvater, den »Helden von Karkamisch«.[2])

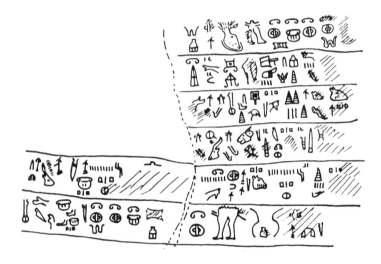

Gürün: Felsinschrift (nach: OrAnt 2, 1963, 276)

Die große Inschrift ist aus paläographischen Gründen in die Zeit zwischen dem Untergang des hethitischen Großreiches und dem Ende des 9. Jahrhunderts zu datieren.[3]) »In der Komposition« ist sie mit der Inschrift von *Kötükale (s. Exkurs D)* »verwandt«; eine der beiden Inschriften muß der anderen als Vorbild gedient haben, denn es gibt diesen Typ nur im Tal des Tohma-su.[4]) Einleitend werden große Gottheiten angerufen, dann stellt der Verfasser sich, seinen Großvater und dann seinen Vater vor. Zum Schluß werden noch einmal die Götter in der Fluchformel aufgeführt.

Im Tal zwischen Gürün und der Schlucht wachsen Pappeln

und Aprikosenbäume. Wenn Sie im Spätsommer aus Malatya kommen, sehen Sie überall auf den Hausdächern die Aprikosen zum Trocknen ausgelegt. Und wenn Sie Glück haben, werden Sie zum Kosten eingeladen; diese Gegend hier ist in der ganzen Türkei für ihre Aprikosen berühmt.

---

1) A.H. SAYCE, Proceedings of the Society for Biblical Archaeology 30 (1908) 211.
2) J.D. HAWKINS, Iraq 36 (1974) 77.
3) M. WÄFLER, Acta praehistorica et archaeologica 11/12 (1980/81) 89.
4) H.Th. BOSSERT, Le Muséon 68 (1955) 66.

(26) Die Bergwerksinschrift von Sirzi

Der Hieroglyphenstein von Sirzi befindet sich 8 km nördlich von Hekimhan, das wiederum 60 km nordwestlich von Malatya gelegen ist. Es handelt sich hier um eine eingeritzte Inschrift der Spätzeit, wahrscheinlich aus dem 8. Jahrhundert. Sie gehört zu einem nahen Bergwerk, so wie die Inschrift von *Bolkarmaden (Nr. 13)*. Eingehender damit befaßt hat sich nur H.Th. BOSSERT, wenn man von den Stippvisiten anderer Forscher absieht.

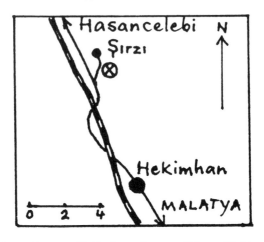

Wir verlassen Hekimhan in westlicher Richtung nach Hasançelebi, nach 3 km ab Ortsausgang kommt die erste Bahnunterführung. Wir fahren weiter nach Norden zwischen dem Fluß Kuruçay und der Bahnlinie und unterqueren die Bahn ein zweites Mal. 7 km ab Hekimhan taucht auf der rechten Seite ein eingezäuntes Grundstück mit einigen massiven, gelben Häusern und einem Wasserturm auf. Gleich rechts dahinter führt ein schmaler, steiniger und teilweise sehr steiler Weg hoch zu dem Dorf Sirzi, das von der Abzweigung noch rund 3 km entfernt ist. Der Stein ist schon vorher auf der rechten Seite zu suchen. Allerdings ist es wohl besser, wenn man in das Dorf hineinfährt, sich dort nach dem Inschriftenstein (»Yazilitas«) erkundigt, dann wendet und wieder rund 500 m zurückholpert. Der Stein liegt jetzt links des Weges in etwa 400 m Entfernung.

Sirzi-Inschrift (nach einer Zeichnung von B. Leichtl aus dem Jahre 1983)

Inmitten der vielen ähnlichen Felsbrocken ist der Stein auch dann schwer auszumachen, wenn man die ungefähre Richtung weiß. Wir haben Glück, als wir im Dorf auf Anhieb einen Jungen finden, der von sich aus bereit ist, mit uns mitzufahren und uns zum Stein zu führen. Auf der rostroten, »beschrifteten« Seite ist er über und über mit Hieroglyphen bedeckt. Es hat den Anschein, als ob man die Beschriftung ohne jede Glättung vorgenommen hat. Löcher und Risse hat man dabei ausgespart; der Natur wurde nicht oder kaum nachgeholfen. Auf mich wirkt der erratische Block wie ein Brief in Geheimschrift, den ein riesenhafter Götterbote vor Urzeiten aus Versehen fallengelassen hat. (Bis heute ist die Inschrift noch nicht befriedigend entziffert worden.)

In den Sommern 1937 und 1938 wurde die Gegend von Hasançelebi geologisch untersucht. Dabei stellte man fest, daß sie schon in römischer Zeit ein kleines Zentrum für Kupfer- und Bleibergbau war. Der deutsche Ingenieur MÜLLER vom Metallforschungsinstitut in Ankara entdeckte die Felsinschrift. 1937 übergab er eine Aufnahme dieser Inschrift an LANDSBERGER, sie erwies sich jedoch als zu klein für eine Veröffentlichung.

BOSSERT berichtet[1]), wie sich erst im Spätsommer 1946 eine richtiggehende Expedition nach Sirzi aufmacht, mit von der Partie sind die Archäologen LANDSBERGER, GÜTERBOCK, ALP, AKURGAL und BILGIÇ. Sehr groß ist ihre Ausbeute allerdings nicht: Die beschriftete Oberseite ignorieren sie ganz, ebenso die linke Seite. So sehen sie von einer Interpretation bzw. Übersetzung ab, sondern stellen lediglich fest, daß der Gott »Ruta« mehrere Male genannt sei. Auch der Versuch einer genaueren Datierung unterbleibt.

Da die Forscher in der Nähe weder Spuren von Gebäuden noch von kultischen Handlungen entdecken, kommen sie auf die Idee, der Felsblock sei in hethitischer Zeit den Abhang herabgestürzt und die Inschrift würde an diesen Vorfall erinnern.[2])

Helmut Th. BOSSERT fährt im Sommer 1952 zusammen mit seiner Frau und seinen Schülern Muhibbe DARGA und Mustafa KALAÇ auf dem Weg in das Gebiet von Van über Hekimhan. Er hat nicht die Absicht, sich mit der von GÜTERBOCK und ALP »so gut wie erledigten Inschrift erneut zu beschäftigen«. Er berichtet: »Es war 13,20 Uhr, als wir das Auto verliessen. Als Meereshöhe las ich 1190 m, als Temperatur gegen 40° Celsius ab. Der Aufstieg auf steilem, schattenlosem Pfad bis zur 1475 m hoch gelegenen Inschrift wird allen Teilnehmern unvergesslich bleiben.«[3].

Ein Jahr später besucht BOSSERT »wohlausgerüstet« und »durch die Erfahrungen des vergangenen Jahres gewitzigt« die Inschrift zum zweiten Mal und findet dabei etwa 200 m westlich in einer natürlichen Felsspalte die ehemalige Verhüttungsstelle mit zahlreichen Schlacken. In der Verlängerung befindet sich das eigentliche Bergwerk, das »nur für Schwindelfreie zugänglich ist und den Zustand zeigt, wie die Hethiter das Bergwerk verliessen. Das Erz wurde in Stufen abgebaut, in den Seitenwänden stecken noch die von den Hethitern angebrachten Sprossen aus Eichenholz.«[4] Viereinhalb Tage bringt BOSSERT in Sirzi zu, um die Inschrift und ihre Umgebung zu studieren.

Verstöße gegen die Schriftrichtung so wie die Vorliebe für seltene Zeichen sprechen für eine späte Datierung. Die Zeilen sind nachlässig gezogen, die Zeilenbreite schwankt, ganz im Gegensatz zu den schönen und regelmäßigen Inschriften des 9. Jahrhunderts. Demnach dürfte die Inschrift aus dem 8. Jahrhundert stammen, genauer gesagt um 775 entstanden sein.

Zur »Sirzi-Inschrift nach einer Zeichnung von H.G. GÜTERBOCK und S. ALP aus dem Jahre 1947« ist zu bemerken, daß die beiden oberen Zeilen der Zeichnung sich bis an den Bildrand nach links weiterführen lassen, die Schraffierung ist also nicht ganz zutreffend (s. Abb.).

---

1) H.Th. BOSSERT, Archiv für Orientforschung 17 (1954/55) 56.
2) Der Block müßte in diesem Fall den Landesherren erschlagen haben, sonst hätte sich die Beschriftung wohl kaum gelohnt; das bloße Herabstürzen eines Felsblocks war und ist dort eine alltägliche Angelegenheit.
3) H.Th. BOSSERT (Anm. 1) 57.
4) Ebda. 58.

(27) Karasu: Der enthauptete Gott auf dem Hirsch

Das späthethitische Felsrelief steht über dem Fluß Karasu, kurz vor dessen Mündung in den Euphrat, nordöstlich von Gaziantep. Es zeigt einen nach links schreitenden Hirsch mit weit ausladendem Geweih, auf ihm steht eine mit Bogen und Lanze bewaffnete männliche Gestalt. Über ihr schwebte eine Sonnenscheibe. Diese und der Kopf des Kriegers sind 1976 mit Dynamit weggesprengt worden,[1] wahrscheinlich waren auch hier wieder »Schatzsucher« am Werk. So makaber es klingt: Die noch immer frische, helle Bruchfläche erleichtert das Auffinden des Reliefs ungemein. Im übrigen ist es sehr gut erhalten, vor allem der Hirsch. Eine Beischrift kann nicht ausgemacht werden. Entdeckt wurde das Relief etwa 1956 von den Geologen KRUMMENACHER und WILSON, während sie dort die Gegend erkundeten.[2]

Die Anfahrt ist dieselbe wie die zu dem neuassyrischen Salmanassar-Relief von *Kenk Bogazi*,[3] nur nicht so weit. Sie fahren von Gaziantep in nordöstlicher Richtung über Yavuzeli nach Araban (Ende der Teerstrecke), in den Ort hinein. Hier ist Gelegenheit, die Wasservorräte aufzufüllen. Sie fahren jetzt in östlicher Richtung auf der Schotterstraße nach Baspinar (ab Araban 16 km). Nach weiteren 2,2 km biegen Sie von der geradeaus nach Süpürgüç führenden Straße rechts ab. Dieser Weg windet sich jetzt an einem Dorf vorbei hinunter zum Fluß Karasu, (7 km ab Baspinar). Linkerhand sehen Sie die Reste einer Römerbrücke. Je nach Wasserstand können Sie evtl. Ihren Wagen unter einem Brückenbogen im Schatten stehenlassen, denn jetzt geht es flußabwärts zu Fuß weiter.

Sie steigen in östlicher Richtung eine knappe halbe Stunde auf der linken Flußseite leicht bergauf. Der Karasu macht dann eine ziemlich große Schleife nach Südwesten und bildet dadurch eine Halbinsel, die Sie abschneiden. Wenn Sie auf der Höhe der drei Höhlen auf der gegenüberliegenden Seite des Flusses stehen, sind Sie in unmittelbarer Nähe des Reliefs. Es befindet sich etwa zehn Meter unterhalb des Plateaus und blickt zur Mündung des Karasu in den Euphrat.

Die Oberfläche des Felsens ist für die Aufnahme des Fels-

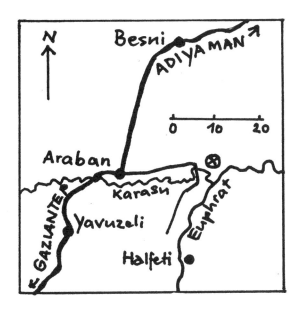

bildes in einer leicht vertieften Nische sorgfältig geglättet worden. Der majestätisch schreitende Hirsch mit seinen ausladenden Geweihschaufeln ist höchstwahrscheinlich ein Damhirsch. Auf seinem Rücken steht eine männliche Gestalt mit Lanze und Bogen, sie trägt ein kurzes Gewand mit Fransenborte und Schnabelschuhe, diese deuten in späthethitischer Zeit sehr oft auf eine Gottheit hin, während Menschen meist barfuß dargestellt sind.[4]

Der Hirsch weist die Gestalt auf seinem Rücken als den Hirschgott Runda aus, den Schutzgott der Jagd und der Natur. Als das Relief noch nicht beschädigt war, konnte man sehen, daß die Kappe auf dem Kopf des Gottes keine Hörner hatte, die auf einen Gott hingewiesen hätten. Auch die geflügelte Sonnenscheibe über seinem Haupt würde, wenigstens in der Großreichszeit, auf einen König oder Fürsten deuten. Deshalb liegt die Vermutung nahe, daß hier ein König als Gott auftritt, in einer lokalen Spielart der Region Kommagene.[5]

Karasu: Der Gott auf dem Hirsch

Die Frisur des Gottes, der kurze, keilförmige Bart (beide nicht mehr zu sehen), der gerade Rocksaum und die durchmodellierten Beinmuskeln ordnen das Relief dem »Traditionellen Stil«[6] (1050—850) in der späthethitischen Epoche zu. W. ORTHMANN engt das Entstehungsdatum zwischen 950—850 weiter ein,[7] während BURNEY und LAWSON es in die frühe Eisenzeit (»1000—750«) datieren.[8]

Der Gott auf dem Hirsch ist neben dem Inschriftenstein von *Sirzi (Nr. 26)* das östlichste der hier aufgeführten Reliefs. Es liegt im Grenzgebiet zwischen den Reichen von Kummuhu (Kommagene) und Karkemisch, an der Ostgrenze des hethitischen Siedlungsraumes. So erhebt sich die Frage nach der Funktion des Hirschgottes Runda an diesem Ort.

Eine Ortsbegehung deckte eine späthethitische Siedlung am Karasu auf, so daß Runda nicht nur als Schutzgott der Jagd und von Wald und Flur betrachtet werden kann, sondern möglicherweise auch als Schutzgott dieser Ansiedlung.[9] An der engsten Stelle der vom Karasu gebildeten Halbinsel befindet sich wenige Meter hinter einer Mauer ein künstlicher Graben (etwa 3 x 12 m). Zwischen diesem Graben und dem Relief sind einige Libationsmulden[10] zu sehen, viel mehr (über 30) sind es jenseits des Grabens. Vermutlich dienten sie auch hier als Gefäße für geweihte Flüssigkeiten und deuten somit auf kultische Rituale in Verbindung mit dem Hirschgott hin.

---

1) H. HELLENKEMPER/J. WAGNER, Anatolian Studies 27 (1977) 173. Aber nicht im Zuge eines Straßenbaus, wie anderenorts behauptet; die nächste Straße ist viel zu weit entfernt.

2) C.A. BURNEY/G.R.J. LAWSON, Anatolian Studies 8 (1958) 218.

3) E.P. ROSSNER, Die neuassyrischen Felsreliefs in der Türkei (1987) 54 ff.

4) H. HELLENKEMPER/J. WAGNER (Anm. 1) 170.

5) Ebda.

6) Ebda.

7) W. ORTHMANN, Untersuchungen zur späthethitischen Kunst (1971) 221.

8) C.A. BURNEY/G.R.J. LAWSON (Anm. 2).

9) H. HELLENKEMPER/J. WAGNER (Anm. 1) 172 f.

10) D. USSISHKIN, Anatolian Studies 25 (1975) 85 ff., s. Fraktin (Nr. 20) und Sirkeli (Nr. 31).

(28) Das Bildhaueratelier von Yesemek

Das Dorf Yesemek mit dem späthethitischen Freilichtatelier liegt ca. 22 km südsüdöstlich Islahiye, das auf der Hälfte der Strecke Kahraman Maras–Antakya zu finden ist.

Im Ort Islahiye biegt im rechten Winkel ein Weg nach Osten ab, an der Hauptstraße steht ein gelber Wegweiser »Yesemek 30 km«. Die Schotterstraße ist ebenso breit wie schlecht. Anfangs nach Nordosten, windet sie sich später im weiten Bogen durch die Ebene nach Südosten. Wir halten gerade auf die Hügelkette in der Ferne zu, passieren eine Brücke - der Weg wird dann wieder besser - und fahren durch die Berge hindurch in ein neues breites Tal. Bei der Gabelung in der Nähe biegen wir links ab; am Westhang der Berge sehen wir ein Dorf. Ungefähr ein Kilometer davor ist eine Kreuzung, bei der wir uns rechts, nach Süden, halten. Nach drei Kilometern ab Kreuzung erreichen wir ein weiteres Dorf, rechts glänzt der Wasserspiegel eines Stausees. Der nächste Ort ist Yesemek, von der Kreuzung 6,7 km entfernt.

Yesemek: Das Bildhaueratelier unter freiem Himmel; links zwei Berggötter, in der Mitte Sphingen, alle in der Bosse

Einfacher ist es, Yesemek von Süden her zu erreichen. Auf der Strecke Antakya—Islahiye—Fevzipasa—K. Maras geht 20 km vor Islahiye rechts eine Straße entlang der türkisch—syrischen Grenze in Richtung Kilis ab. Wir folgen ihr bis zu dem eingezäunten Militärbereich am Ende des schon oben erwähnten Stausees (wir sehen die Staumauer) und biegen hier nach Norden, links, ab. Von hier aus sind es noch acht Kilometer nach Yesemek.

Auch hier in diesem militärischen Sicherheitsbereich gilt, was in der ganzen Türkei beim Zusammentreffen mit Polis, Jandarma und Asker zu beachten ist: Immer sehr ruhig und höflich bleiben! Als in vielen Provinzen der Türkei, vor allem in den Ost- und Südostgrenzgebieten, das Kriegsrecht herrschte und Kontrollposten verstärkt eingesetzt wurden, ist es mir stets gelungen, unbehelligt weiterfahren zu können, selbst wenn ich mich oft genug aus Unkenntnis falsch verhalten hatte. Höflichkeit und ein Lächeln sind »Waffen«, denen man nicht so leicht widerstehen kann. Noch dazu in der Türkei, wo Höflichkeit überall großgeschrieben wird.

Das Freilichtatelier erstreckt sich östlich der Schule, wo auch schon der erste Sphinxkopf steht. Hier lassen wir den Wagen stehen und gehen links leicht ansteigend ein flaches Quertal hoch, bis wir nach rund 200 m auf der rechten Seite oberhalb des winzigen Bachlaufs das Gelände der Bildhauerwerkstatt sehen. Es ist etwa 200 x 300 groß und teilweise noch mit niedergetretenem Stacheldraht eingezäunt.

Das Atelier und der Basaltsteinbruch wurden 1890 von Felix von LUSCHAN entdeckt. Es geriet dann aber in Vergessenheit, bis es in den Jahren 1955 und 1958—61 von U. Bahadir ALKIM, seiner Frau und R. DURU eingehend erforscht wurde. Der Stil der Plastiken ist schwer zu erkennen, weil sie im unfertigen Zustand vorliegen. ALKIM hält sie für hethitisch und ordnet sie zum Teil dem letzten Viertel des II. Jahrtausends zu, zum Teil dem ersten Viertel des I. Jahrtausends.[1]

Das türkische Archäologenteam trifft bei seiner Untersuchung folgende Skulpturen an: Vier verschiedene Löwentypen, drei Sphingentypen, drei Typen von Berggöttern, dazu die Darstellung eines Bärenmenschen, eine Wagenszene, eine an-

Reh und Fabelwesen (?)

gefangene Rundplastik und andere mehr. So sei dieses Atelier auch das reichhaltigste, das wir aus dem ganzen Vorderen Orient kennen.[2])

Die Reliefs bzw. Skulpturen von Yesemek geben ein Beispiel dafür, daß auch südlich des Taurus die Tradition der künstlerischen Umsetzung aus der Großreichszeit gewahrt blieb. Zum Teil über 300 Jahre hinweg bis in die Zeit der späthethitischen Fürstentümer. Aber: »Sobald wir vom Allgemeinen zum Detail gehen, wird deutlich, wie gering im Grunde die Zahl der Fälle ist, bei denen sich die jüngere Bildkunst unzweifelhaft Motive der älteren zum Vorbild genommen hat.«[3])

Und umgekehrt: »Geht man aber von der Einzelfigur zu den großen Friesen wie wir sie in Karkemisch und Zincirli kennengelernt haben, so stehen auch sie im architektonischen Verband, sind aber von den anatolischen der älteren Zeit im Ganzen doch so weit entfernt, daß diese nicht als unmittelbares Vorbild dienen können. Was blieb, ist höchstens ein Widerhall in erheblich veränderter Form.«[4])

Ist der Stil der Plastiken auch hethitisch, so bleibt doch die Frage nach den Künstlern: Waren sie Einheimische, d.h. Hurriter, oder Hethiter? ALKIM glaubt, daß es Bewohner dieses Gebiets waren, nachdem in der Nähe Keilschrifttafeln mit Namen gefunden wurden, die zu drei Vierteln hurritisch sind. Die Bevölkerung in der Amuq—Ebene muß also in der Mehrzahl aus Hurritern bestanden haben.[5])

Auffällig ist auch, daß einige der Darstellungen Sonnenscheiben aufweisen, die mit Rosetten geschmückt sind, dem wohlbekannten Sonnensymbol. Das wieder legt Zeugnis ab für die Mittlerrolle dieses Randgebietes, in dem die hethitische Kunst stark von der syrischen Ikonographie beeinflußt wurde.[6])

Der Fundort Yesemek fällt aus dem Rahmen der hier vorgestellten Reliefs, da Fund— und beabsichtigter Aufstellungsort der Skulpturen nicht identisch sind, so wie z.B. auch in *Fasillar (Nr. 7)*. Die Auftraggeber saßen in den Ebenen von Islahiye und Sakçagözü; Zincirli (das alte Sam'al) zählte zu den besten Kunden. Der Basalt im Palast von Tell Ain Dara[7]) in Nordwestsyrien kommt aus den 45 km von Yesemek entfernten Steinbrüchen.

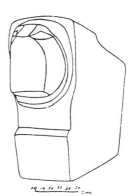

Bildhaueratelier Yesemek: Skizze eines Löwen im Rohzustand (nach: TTK Bell. 24, 16)

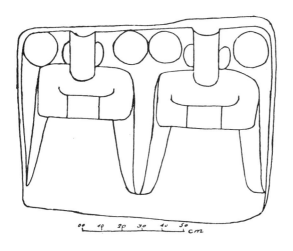

Yesemek: Skizze zweier Berggötter (nach: TTK Bell. 24)

BOSSERT schränkt allerdings das Verbreitungsgebiet der Skulpturen und Reliefs aus Yesemek etwas ein: »So geht es nicht an, bei jedem südanatolischen Basaltstück an Herkunft aus Yesemek zu denken. [...] Yesemek hatte nicht das Monopol für schwarzen Basalt!« Ihm sind außer Yesemek und Toprakkale noch weitere Basaltlager in Südanatolien bekannt.[8])

Von den historischen Stätten ist, mit Ausnahme der oben genannten Städte, kaum etwas an die Oberfläche gelangt. Man sieht zwar in den Ebenen die »Tells« bzw. »Hüyüks« wie flache Kegel aufragen, doch ist, von einigen Probe- und vielen Raubgrabungen noch nicht viel geschehen, um die steinernen Schätze zu bergen. Unter den Kuppen verbirgt sich noch viel archäologisches Neuland.

---

1) U.B. ALKIM, Anatolien I (1978) 192.
2) Ebda.
3) K. BITTEL, Die Hethiter (1976) 279.
4) Ebda. 281.
5) U.B. ALKIM (Anm. 1).
6) R. ALEXANDER, Anatolica 2 (1968) 80.
7) Ain Dara liegt 40 km Luftlinie nordwestlich von Aleppo. An der späthethitischen Palastanlage sind die Grabungen mittlerweile abgeschlossen.
8) H.Th. BOSSERT, Orientalia 29 (1960) 321.

(29) Das Freilichtmuseum von Karatepe

Karatepe (»Schwarzer Hügel«) liegt am jetzt aufgestauten Ceyhan (Aslantas Baraji), ostnordöstlich von Adana, nördlich von Osmaniye. Durch die Stauung des Flusses hat sich die Zufahrt vor ein paar Jahren geändert.[1]) 1946 wurde hier eine zweisprachige Inschrift gefunden, die die Entzifferung der Hieroglyphenschrift auf eine sichere Basis stellte.

In dem Freilichtmuseum ist eine Fülle von Reliefs und Inschriften in phönizischer und bildluwischer Schrift ausgestellt. Die Darstellungen unterscheiden sich von denen, die wir bisher kennengelernt haben: Wir sehen Szenen aus dem Alltagsleben, so z.B. eine stillende Mutter. Auch die Stilelemente erinnern uns kaum an hethitische Abbildungen, E. AKURGAL spricht hier von einem »hethitisch—aramäischen Stil«.[2])

Auf der Straße Adana-Gaziantep kommen Sie etwa auf halber Strecke in die Kleinstadt Osmaniye. (Hier evtl. Vorräte ergänzen.) Im Ort biegen Sie links, nach Nordwesten, ab. (Ein gelber Wegweiser »Hierapolis, Castabala 6, Karatepe Aslantas Müzesi 25 km« macht Sie darauf aufmerksam.) Nach 8,7 km geht die mehr schlecht als recht geteerte Zufahrt zum Museum rechts weg, Wegweiser »Hierapolis, Castabala, Aslantas Müzesi«. (Geradeaus kommen Sie zum Relief von *Hemite, Nr. 30*.) Nach 32,5 km, die letzten paar Kilometer sind geschottert, erreichen Sie das Museum.

Am Eingang müssen Sie die Photoapparate abgeben, zudem werden Sie die ganze Zeit von einem Führer begleitet. Das ist nicht sehr zu bedauern, da die Reliefs zum Schutz vor Wind und Wetter alle überdacht sind; also kann auch kein Streiflicht auf sie fallen, was Photos erst so richtig zur Geltung bringen würde. Es gibt aber verhältnismäßig gute Dias und eine Handvoll Schwarzweißdrucke beim Häuschen der Museumswächter zu kaufen.

Entdeckt wurde der späthethitische Herrschersitz 1946 von einer türkischen Expedition unter der Leitung von H.Th. BOSSERT. Aufmerksam war man auf den Berg geworden, weil die Bauern von einem »Löwenstein« (Aslantas) zu erzählen wußten. Doch statt des Löwenmonumentes fand man die Burg und schon

Karatepe: Ein Schiff, ein bei den Hethitern einmaliges Motiv

Karatepe: Typisches Beispiel für ein Mischwesen

im Herbst des folgenden Jahres wurde mit den Grabungen begonnen. Da die Burganlage weder vor noch nach ihrer Zerstörung besiedelt war, waren die zu beseitigenden Schuttmassen verhältnismäßig gering.[3])

BOSSERT erzählt in seinem 1. Vorbericht über die Ausgrabungen,[4]) daß während der ersten drei Grabungsperioden durchschnittlich 50—70 Männer aus der näheren und weiteren Umgebung, hauptsächlich aus turkmenischen Ortschaften, die Burganlage freilegten. Sie alle hatten natürlich noch nie an einer Grabung teilgenommen, »fanden sich aber sehr rasch mit der ungewohnten Arbeit ab, sodass wir sehr bald einzelne besonders befähigte Spezialarbeiter zur Verfügung hatten. Wenn nach Feierabend die Lagerfeuer flackerten, hörten wir von unseren Zelten aus fröhliche Gesänge oder schwermütige Volkslieder ertönen.« Und wenig später heißt es: »Nie werden wir das Geheul von Schakalen, Wölfen und Hyänen vergessen...« Heute geht es hier nachts viel friedlicher zu; die Tiere haben offenbar etwas gegen Touristen.

Repräsentative Reliefs, Ausdruck kultischer Handlungen, finden wir hier nicht, dafür lustige und burleske Darstellungen des Alltagslebens in einer Sommerresidenz, aus mittelmeerländischer Heiterkeit und orientalischer Sinnenfreude entstanden, beseelt von einer geradezu humoristischen Stimmung.[5]) In der Hauptszene sehen wir den Herrscher beim Festmahl. Zwei Diener verjagen ihm die Fliegen, Leierspieler sorgen für die stilgerechte Tafelmusik.

Die meisten Figuren tragen die aramäische Mütze, sie haben ein semitisches Profil.[6]) Phönizische Einflüsse erkennen wir an Themen wie Palmen, Affen und einem Schiff; sie kommen sonst auf anatolischen Darstellungen nicht vor und weisen damit auf die engen Beziehungen des Herrschers vom Karatepe mit den semitischen Zentren im Süden hin.[7])

Die Regel, es gibt keine profanen Abbildungen, wird jetzt, in der späthethitischen Zeit, durchbrochen. Die Künstler scheinen hier mit viel Liebe und noch mehr Lust am Detail zu arbeiten. Die profane Weltanschauung der Phönizier rückt in den Vordergrund.

Die Auffindung von Karatepe stellt einen Wendepunkt in der

Karatepe: Stillende Mutter

Entzifferungsgeschichte der Hieroglyphen dar, wurde doch hier von BOSSERT eine Bilingue[8]) in der bereits bekannten phönizischen (Buchstaben-)Schrift und in Hieroglyphen gefunden. Die Entdeckung der zweisprachigen Steine mit den parallelen Texten stellte einen großen Schritt zum Verständnis der Bilderschrift dar. Bis dahin waren einige wenige Silbenzeichen und ein paar häufig gebrauchte Ideogramme verständlich, sonst aber war man auf immer wieder neue Versuche (und Spekulationen) angewiesen, wobei fast jeder Forscher zu einem anderen Ergebnis kam. Dennoch haben die Gelehrten auch heute ihr Traumziel, das völlige Verständnis dieser Schrift, noch nicht erreicht.[9]) Die Entdeckung der Bilingue hat zugleich eine Reihe neuer philologischer Probleme und historischer Fragen aufgeworfen.

Verfasser der Inschrift ist ein Herrscher, der in der vokallosen phönizischen (semitischen) Schrift ztwt geschrieben und Azatiwatas[10]) gelesen wird. Seit der Entdeckung wird über die Datierung des Denkmals und seiner Inschriften debattiert. Die Stellung des Azatiwatas ist damit in gewisser Hinsicht verbunden. Azatiwatas beansprucht nicht direkt den Königstitel, er stellt sich als Prinz dar.[11]) J. FRIEDRICH hält seine Sprache für reines Altphönizisch ohne aramäische Beimischung, sein Name sei jedoch kleinasiatisch, wie nicht anders zu erwarten. Deshalb werde das Phönizische auch »deutlich als Fremdsprache mit schwerfällig unbeholfenem Ausdruck und mehreren Barbarismen verwendet.« Somit datiert FRIEDRICH die Inschrift in das 8. Jahrhundert.[12])

Betrachtet man die zur Azatiwatas-Inschrift gehörigen Skulpturen stilistisch und die phönizischen Buchstaben paläographisch, liegt eine spätere Datierung (nach Sargon II.) nahe. Dazu würden auch die seltenen und verworrenen Zeichen der Hieroglyphenversion passen.[13]) Die Reliefs spiegeln dieselbe kulturelle Vielfalt wider wie die zwei Sprachen auf den Inschriften.[14]) Unterschiede im Stil gehen auf zwei verschiedene Werkstätten zurück,[15]) nicht auf verschiedene Daten der Fertigung.[16])

J.D. HAWKINS stellt folgende These auf: Azatiwatas (identisch mit dem keilschriftlichen Sanduarri) kommt kurz vor oder nach dem Tode Sargons von Assyrien in der Gegend des heuti-

*Eine rekonstruierte Reihe von Orthostaten
(nach: TTKY V No. 9)*

gen Kozan an die Macht. Er ist ein Zeitgenosse des assyrischen Herrschers Sanherib. Um diese Zeit dehnt er seinen Einflußbereich auf Que (Kilikien) und läßt Karatepe errichten, das er mit seinen eigenen und einigen anderen älteren, wiederverwendeten Skulpturen schmückt. Zugleich läßt er die Inschrift zu seiner Erinnerung schaffen.[17]

Vielleicht wurde er von seinen assyrischen Verbündeten zu sehr drangsaliert, vielleicht wollte er auch vom Durcheinander, das der Ermordung Sanheribs folgte, profitieren, auf jeden Fall ging er mit dem König von Sidon ein antiassyrisches Bündnis ein. Das war ein Fehler, nicht wieder gutzumachen: Er und sein Kampfgenosse marschierten nur wenig später durch die Straßen der assyrischen Hauptstadt Ninive, genauer gesagt waren es nur ihre Köpfe, auf Lanzen gespießt.

Unten, zu Füßen des Museums, ist ein kleiner Parkplatz. Hier können Sie in Ihrem Wagen sorglos übernachten. Vergessen Sie aber nicht, sich, falls nötig, in Osmaniye mit Nahrungsmitteln einzudecken, außer Wasser gibt es hier nichts.

---

1) In der 1. Auflage wurde noch die alte Zufahrt angegeben.
2) E. AKURGAL, Die Kunst der Hethiter (1961) 103.
3) Anders auf dem gegenüber liegenden Domuztepe, der römisch überschichtet war: H.Th. BOSSERT et al., Ausgrabungen auf dem Karatepe (1950), Türk Tarih Kurumu Yayinlarindan, Seri V – No. 9, 41 f.
4) Ebda. 43.
5) E. AKURGAL, Die Kunst der Hethiter (1961) 104.
6) Ebda. 103.
7) E. AKURGAL, Orient und Okzident (1966) 134.
8) Genaugenommen waren es drei Versionen eines phönizischen und zwei Versionen eines hieroglyphenhethitischen Textes: H.Th. BOSSERT, Oriens 1 (1948) 164.
9) s. dazu auch das Kapitel »Sprache und Schrift«.

10) Ich habe die Schreibweise von HAWKINS (Anm. 11) angenommen. BOSSERT nennt ihn Asitauandas: Festschrift HROZNY, Archiv Orientální 18 (1950) 14. Es sollen fünf verschiedene Schreibungen dieses Namens vorliegen: H.Th. BOSSERT, Oriens 1 (1948) 167.
11) J.D. HAWKINS, Anatolian Studies 29 (1979) 153 f.
12) J. FRIEDRICH, Forschungen und Fortschritte 24 (1948) 77.
13) J.D. HAWKINS (Anm. 11) 156.
14) I.J. WINTER, Anatolian Studies 29 (1979) 115.
15) W. ORTHMANN, Untersuchungen zur späthethitischen Kunst (1971) 106 ff.
16) USSISHKIN, Anatolian Studies 19 (1969) 126.
17) J.D. HAWKINS (Anm. 11).

Karatepe: Die Ausgräber der ersten Stunde
(nach: TTKY V No. 9)

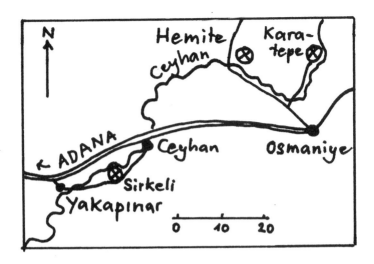

(30) Der Krieger von Hemite

Der Ort Hemite (oder auch Hamide[1]) genannt) liegt nordwestlich von Ceyhan am Fluß Ceyhan, ca. 75 km ostnordöstlich Adana, am letzten Ausläufer des Taurus. »Hematiye« nennt sich das Dorf in einer 1890 von KIEPERT gezeichneten Landkarte.[2]) Wenige hundert Meter vom Ort befindet sich direkt am Fluß ein Felsrelief, das eine etwa lebensgroße männliche Gestalt mit einer Beischrift zeigt.

Die Stadt Osmaniye liegt ungefähr auf halbem Wege zwischen Adana und Gaziantep. Hier zweigen Sie in Richtung Kadirli—Kozan ab. (Nach *Karatepe (Nr. 29)* nehmen Sie anfangs dieselbe Route, biegen allerdings nach etwa 7 km rechts ab.) Nach 13 km in nordwestlicher Richtung erreichen Sie Yeniköy, nach vier weiteren Tecirli. Fünf Kilometer weiter, und Sie überqueren den Ceyhan, gleich im nächsten Dorf biegen Sie noch vor der Tankstelle scharf rechts ab und durchfahren Hemite in Richtung Burg. Nach dem Felsdurchgang bei dem kleinen Friedhof wenden Sie sich abermals nach rechts, fahren also nicht geradeaus in die Ebene. Der Weg zum Relief windet sich an einigen Tümpeln, sicherlich Reste von Altwasser, vorbei, deren Größe je nach Jahreszeit schwankt, man sieht das an den waagrechten Streifen am Fels, die der jeweilige Wasserstand hinterlassen hat. Das Bild ist etwa in Augenhöhe in eine Felswand hineingearbeitet, es zeigt nach Osten.

Hemite ist ebenso von Norden her zu erreichen, aus Kozan und Kadirli, in Richtung Osmaniye. Das gesuchte Dorf liegt dann vor der Ceyhanbrücke; hinter der Tankstelle müssen Sie links abzweigen.

Das Felsrelief wurde 1946 von H.Th. BOSSERT und seinen Schülern auf ihren »Reisen kreuz und quer durch Kilikien« entdeckt, worüber er dann vier Jahre später ziemlich knapp berichtet.[3]) Alfonso ARCHI beschäftigte sich als erster ausführlicher mit der Beischrift.[4])

Thematisch ist das Bild mit *Hanyeri (Nr. 23)* verwandt. Es entspricht ihm in allen Einzelheiten von Habitus und Gestus und unterscheidet sich von ihm lediglich durch die Größe und Proportion.[5]) In seinem Stil steht es dem ebenfalls am Pyramusfluß angebrachten Felsrelief bei *Sirkeli (Nr. 31)* nahe.[6])

Der nach links gewandte Krieger hält in seiner rechten Hand eine aufrecht stehende Lanze, über die linke Schulter trägt er einen Bogen. Über dem Schurzrock hängt schräg ein Schwert mit sichelförmigem Griff. Auf dem Kopf sitzt die typische kalottenförmige Mütze, am Ohr trägt er einen Ring. Seine Füße stecken in den üblichen Schnabelschuhen. Ikonographisch ist das Relief der Großreichszeit zuzuordnen.[7])

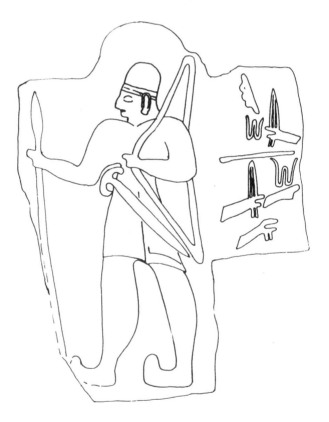

Der Krieger bei Hemite (Umzeichnung: K. Kohlmeyer)

Der Krieger bei Hemite (Photo: K. Kohlmeyer)

Die zweizeilige Beischrift im Rücken des dargestellten Kriegers nennt lt. BOSSERT sowohl seinen Namen als auch den seines Vaters. Er weist sich und seinen Vater als König aus, gibt aber nicht den Namen seines Reiches an. Jedoch seien beide Königsnamen bisher (d.h. 1950) unbekannt.[8] Vater und Sohn tragen einen theophoren Personennamen,[9] der mit dem Wettergottzeichen »W«[10] gebildet wird.[11] Für KOHLMEYER bleibt der Name des Stifters unklar, nahezu gesichert erscheint ihm die Lesung des Vatersnamens als »Tarhu(nda)−piya«, worin er LAROCHE und WÄFLER folgt.[12]

---

1) A. ARCHI, Studi Micenei ed Egeo-Anatolici 14 (1971) (= Incunabula Graeca 47) 71.
2) K. HUMANN/O. PUCHSTEIN, Reisen in Kleinasien und Nord-syrien, Karte des nördlichsten Theiles von Syrien nach Zeichnungen und Berichten von C. HUMANN, gezeichnet von H. KIEPERT 1890.
3) H.Th. BOSSERT, Orientalia 19 (1950) 124 f.
4) A. ARCHI (Anm. 1) 71−74.
5) J. BÖRKER-KLÄHN, Altvorderasiatische Bildstelen und vergleichbare Felsreliefs, Baghdader Forschungen 4 (1981) 259.
6) H.Th. BOSSERT (Anm. 3) 125.
7) K. KOHLMEYER, Acta praehistorica et archaeologica 15 (1983) 93.
8) H.Th. BOSSERT (Anm. 3).
9) Ein Personenname, in dem der Name eines Gottes enthalten ist.
10) s. dazu auch: U. CALMEYER−SEIDL, W, Festschrift BITTEL (1982) 151 ff. Wir können das W−Zeichen zweimal in der Beischrift erkennen; dieses Blitzbündel bzw. Stierghörn gilt als Attribut des Wettergottes Tarhu(nda) bzw. Tarhunt.
11) J. BÖRKER-KLÄHN (Anm. 5) 259 f.
12) K. KOHLMEYER (Anm. 7) 94.

(31) Der Großkönig von Sirkeli

Der Standort des Reliefs befindet sich östlich von Adana, an der alten Straße (nicht der Umgehungsstraße!) nach Ceyhan, direkt über dem Ceyhan-Fluß, dem antiken Pyramus. Gegenüber erhebt sich die mittelalterliche Burganlage von Yilanlikale (Schlangenburg). Wie die Beischrift verrät, ist auf dem gut erhaltenen Relief der Großkönig Muwatalli dargestellt. Zum Photographieren hat man bis etwa 14 Uhr Zeit.

Ab Ortsende Adana fahren wir auf der Autobahn ca. 19 km nach Osten und biegen bei der Abzweigung (Mobil-Tankstelle) nach Yakapinar (früher Misis, im Altertum Mopsuestia) rechts ab. Nach 3 km überqueren wir in Yakapinar auf einer neunbogigen Brücke mit antiken Fundamenten den Ceyhan, folgen der Straße 14 km weiter, bis wir zu einem Bahnübergang kommen; rechterhand ist ein Steinbruch. Unmittelbar hinter dem Übergang führt nach links ein Feldweg zum Relief. (Nach Ceyhan sind es von hier aus 6 km nach Osten.)

Wir lassen eine kleine, ehemalige Ziegelbrennerei links liegen, parken dann nach etwa 80 m den Wagen und gehen halb rechts hinunter zum Fluß. Auf der anderen Seite erhebt sich auf einem Felsen die Schlangenburg, eine armenische Festung und Kreuzfahrerburg aus dem 12. Jahrhundert. Das Relief ist an einem Felsen direkt über dem Fluß. Neuerdings führt ein schmaler Weg unten am Fluß entlang, man kann jetzt das Relief von unten photographieren, nicht nur mit verzerrendem Teleobjektiv von der Seite.

Die Darstellung wurde 1934 von Ali Riza YALGIN und Hamit Zübeyr KOSAY entdeckt. Es war damals das erste Relief, das südlich des Taurus gefunden wurde. John GARSTANG publizierte es 1937 zum ersten Mal in einer Londoner Illustrierten.[1]

In einer senkrechten Wand ist eine männliche Gestalt nach links mit langem Mantel, Schnabelschuhen und kalottenförmiger Mütze abgebildet. Der rechte Arm ist zur Anbetung erhoben. Die Linke umfaßt den Griff eines am Ende eingerollten Lituus. Man möchte annehmen, daß gegenüber irgendeine Gottheit stehen müsse, doch sind davon keine Spuren vorhanden, die Fläche erscheint nicht geglättet.

*Sirkeli: Der Großkönig Muwatalli
(Umzeichnung nach: Gelb, HHM)*

*Die Beischrift des Reliefs bei Sirkeli
(nach Güterbock, AAA 24 (1937) 67)*

Sirkeli: Der Großkönig Muwatalli am Ceyhan-Fluß

Die Plattform oberhalb des Reliefs besteht aus zwei getrennten Felsen mit tiefen Spalten dazwischen. Zwei Vertiefungen sind am hinteren Ende der Oberfläche zu finden, wahrscheinlich handelt es sich hier auch um Libationsmulden[2]) wie in *Fraktin (Nr. 20)* oder vielleicht auch in *Suvasa (Nr. 15)*.

Kurt BITTEL sieht zwischen dieser Darstellung und dem großen Königsrelief von Yazilikaya eine sehr enge Übereinstimmung, auch wenn Abweichungen vorhanden sind.[3]) Der Stil sei derselbe. GARSTANG gibt der Bart des Königs zu denken, den BITTEL wiederum nicht erkennen kann, da Bärte erst in späthethitischer Zeit und im Süden dargestellt werden. Doch Kleidung und Beischrift erscheinen auch dem Briten zweifellos großreichszeitlich.[4])

Die rechtsläufige Beischrift rechts des Oberkörpers hat schon 1937 H.G. GÜTERBOCK als »Muwatalli, Sohn des Murschili« gelesen, was immer noch unbestritten ist. Damit ist dieses Felsmonument »das älteste, bis heute bekannte datierbare hethitische Felsrelief«, das zweitälteste befindet sich in Fraktin (Nr. 20). Eine weitere zeitliche Eingrenzung innerhalb Muwatallis Regierungszeit läßt sich nicht treffen.[5]) Unklar ist es also, ob zum Entstehungszeitpunkt Muwatalli den hethitischen Hof samt den Götterbildern schon nach dem mutmaßlichen Tarhuntascha auf dem Sirkeli Hüyük[6]) verlegt hatte.

Hattuschili III. erzählt in seinen Annalen, daß sein Bruder, der Großkönig Muwatalli die verbündeten Randstaaten im Süden des Reiches besser unter Kontrolle haben wollte, da die Ägypter sich nach einer Zeit politischer Tatenlosigkeit wieder für die Kleinstaaten Palästinas und für Syrien interessierten und die ägyptische Gefahr schon deutlich spürbar wurde.[7]) Diese zeitweilige Hauptstadt ist möglicherweise identisch mit einem Siedlungshügel (Hüyük) in der Nähe des Reliefs. Feststeht auf jeden Fall, daß diese Stadtruine vom Chalkolithikum bis in die Römerzeit besiedelt war. Ein stark beschädigter steinerner Löwe deutet auf die späthethitische Epoche.[8]) AKURGAL hält 1961 das Relief »vielleicht für ein Zeichen seiner [Muwatallis] nahegelegenen damaligen Hauptquartiere«.[9])

Kilikien ist viel stärker mit dem Südosten und Syrien verbunden und erhält von dort seine kulturellen Impulse, auch zu der Zeit, in der es unter hethitischer Herrschaft steht. Nur in offiziellen Verlautbarungen kommt das Übergewicht des hethitischen Kernlandes zum Ausdruck, der Taurus bildet eine deutliche kulturelle Grenzscheide.[10])

Maßgeblich für die Anbringung des Reliefs hier direkt über dem Fluß wird die Verkehrsituation gewesen sein. Bei Sirkeli kreuzen sich die wichtigsten Verbindungen zwischen Zentralanatolien, Kilikien und Syrien. Für das hethitische Wegenetz möchte J. BÖRKER-KLÄHN hier einen Flußübergang nach Kozan, über den Gezbel (an dem *Hanyeri, Nr. 23* liegt) nach Kayseri annehmen. Dieser Weg sei für den wichtigen Syrienhandel um rund 100 km kürzer als der über die Kilikische Pforte.[11])

---

1) J. GARSTANG, Illustrated London News 191, vom 31.7.1937.
2) D. USSISHKIN, Anatolian Studies 25 (1975) 86 ff.
3) K. BITTEL, Archäologischer Anzeiger 1939, 128.
4) J. GARSTANG (Anm. 1).
5) K. BITTEL, Anatolian Studies Presented to Hans Gustav GÜTERBOCK on the Occasion of his 65th Birthday, Festschrift GÜTERBOCK (1974) 69.
6) E. LAROCHE identifizierte dagegen Meydancik Kalesi (bei Gülnar gelegen, zwischen Anamur und Silifke) mit Tarhuntascha (S. Exkurs E), nach: M. MELLINK, American Journal of Archaeology 78 (1974) 111.
7) E. AKURGAL, Die Kunst der Hethiter (1961) 62.
8) J. GARSTANG, Annals of Archaeology and Anthropology 24 (1937) 64 ff.
9) E. AKURGAL (Anm. 7).
10 K. BITTEL (Anm. 3) 131 f.
11) J. BÖRKER-KLÄHN, Altvorderasiatische Bildstelen und vergleichbare Felsreliefs (1982) 100.

(A) Die Flügelsonne am Yumruktepe

Wie schon in *Midas-Stadt (Nr. 3)* erwähnt, klaffte zwischen den hethitischen Monumenten im äußersten Westen (*Akpinar, Nr. 1* und *Karabel, Nr. 2*) und den weiter östlich gelegenen (wie *Gavur Kalesi Nr. 4*) eine Lücke, die keinerlei hethitische Spuren aufwies. Erst jetzt hat man in Phrygien archäologische Überbleibsel gefunden, die auf eine Besiedlung im II. Jahrtausend schließen lassen.[1]

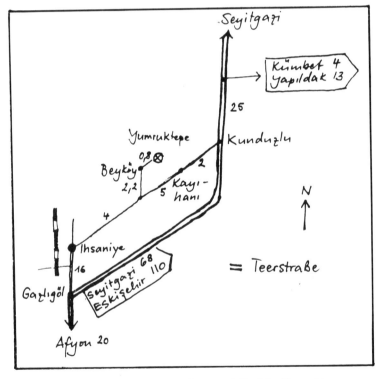

Schematische Skizze der Anfahrt nach Beyköy/Yumruktepe

Der Yumruktepe[2]) liegt bei Beyköy, 43 km nördlich von Afyon. Sie verlassen Afyon nach Norden, in Richtung Seyitgazi, Eskisehir. Die Straße ist mittlerweile geteert worden. 20 km hinter Afyon erreichen Sie Gazligöl, wo Sie geradeaus fahren, nicht nach rechts, nach »Seyitgazi 68, Eskisehir 110« (Wegweiser). Sie kreuzen die Bahnlinie, nach 13 km sehen Sie links den Bahnhof von Ihsaniye, nach 3 km sind Sie im Ort Ihsaniye. Hier biegen Sie rechts ab, fahren an einem Friedhof vorbei, halten sich bei der ersten Weggabelung rechts, bei der zweiten links (4 km ab Ihsaniye). [Geradeaus geht es über Kayihan (5 km) nach Kunduzlu (2 km) an der Hauptstraße nach Seyitgazi; evtl. für die Weiterfahrt merken.] Jetzt noch 2,2 km und Sie sind in Beyköy. Sie umfahren das Dorf rechts und sehen jetzt schon in 700 m Entfernung zwei kleinere natürliche Erhebungen (keine Hüyüks). Die größere ist die gesuchte.

An einem Hüyük »eine englische Meile südlich von Bey Keui« hatte William M. RAMSAY schon im August 1884 einen großen Stein aus Trachyt mit einer Inschrift aus der Großreichszeit ausgegraben und diese kopiert,[3]) seitdem ist der Stein verschwunden.

C.H. Emilie HASPELS meint, RAMSAYS Steinblock mit der Inschrift müsse von der Peripherie dorthin verbracht worden sein,[4]) da im eigentlichen phrygischen Hochland noch keine Überreste hethitischer Kultur gefunden wurden. Sie datiert die beim Hüyük gefundene Keramik in die späte Bronzezeit[5]) und die Nekropole am Yumruktepe in die römische Zeit.[6]) Von einer geflügelten Sonnenscheibe weiß sie nichts zu berichten.

Mit zwei Sätzen und einer kleinen Photographie erwähnt Franz STEINHERR 1965 eine Inschrift mit einer geflügelten Sonnenscheibe am Yumruktepe. Wegen dieser Flügelsonne datiert er die Inschrift in die Großreichszeit.[7])

Im Juli 1979 untersucht eine französische Expedition unter Hatice GONNET die Umgebung von Beyköy, um die Möglichkeit hethitischer Präsenz in dieser Gegend zu untersuchen.[8]) Ohne Erfolg suchen die Franzosen Friedhofsmauern und Einfriedungen von Äckern nach dem evtl. wiederverwendeten Stein von RAMSAY ab.[9])

Im Mai 1985 kommen wir zum ersten Mal zum Yumruktepe und finden dort nicht alles so vor, wie von STEINHERR und GONNET beschrieben. Die Flügelsonne finden wir auf Anhieb, so verwittert sie auch ist, doch nicht die von STEINHERR erwähnte Inschrift, obwohl wir zwei Tage dort verbringen und die Fassade unter allen möglichen Lichtverhältnissen studieren können. Der Rest der angeblich großen Flügelsonne mißt heute 0,62 m in der Breite und 0,13 cm in der Höhe.

Es ist durchaus möglich, daß die Nischen erst sekundär angebracht worden sind, da auch zwei große Gräber in sie hineinragen. Manche können auch rezenten Datums sein ..., siehe Schatzsucher! Rechts von der Flügelsonne, die GONNET für ein Fragment einer skulptierten Kassette hält, befinden sich zwei Reliefs, ein Bogen und ein Rechteck, die vielleicht Teile von Kassetten sind.

Der Yumruktepe mit Löwengrab (links) und späthethitischen(?) Fassaden; Flügelsonne(?) ↓

Wenn wir von der Flügelsonne aus im Uhrzeigersinn um den Hügel gehen, stoßen wir zuerst auf ein wahrscheinlich phrygisches Grab, das in römischer Zeit weiter ausgestaltet wurde (so GONNET). Im Giebelfeld des Eingangs sehen wir zwei antithetische Löwen, direkt davor zwei senkrechte, kreisrunde Löcher, die GONNET für Zisternen hält, entweder aus römischer oder byzantinischer Zeit. HASPELS glaubt, daß Löwen als Grabdekoration in dieser Region zweifellos vom nahen Aslantas-Monument inspiriert sind.[10]

Zwölf Schritte weiter können wir eine dreigliedrige, nicht reliefierte Anlage ausmachen, die rechte und die mittlere Nische sind zu erkennen, die linke ist im Ansatz stecken geblieben oder beschädigt.

Auf der Südseite sehen wir jetzt eine ca. 3,5 m tiefe Grabkammer mit drei Grabstellen und Schlagspuren an den Wänden. Sie fällt durch ihre drei siebenarmigen Leuchter an der Front auf, die in die ungleichmäßige Oberfläche eingemeißelt sind und sie als jüdisches Grab identifizieren. GONNET weist ihm eine phrygische Herkunft zu.[11] Das eingeritzte Kreuz links beim Eingang weist auf christliche Besitznahme hin.[12]

Die gesamte westliche Hälfte zeigt keinerlei Spuren künstlicher Bearbeitung; sie muß aus irgendeinem Grund für Phryger und/oder Römer uninteressant gewesen sein. Das gleiche gilt für das Vorfeld: Östlich des Hügels und auch auf der Osthälfte des Plateaus befinden sich insgesamt 46 Gräber (GONNET), rechteckig ausgehoben und bis zu 2 m tief. Im großen und ganzen sind sie alle in Ost-West-Richtung angelegt, wenn auch nicht parallel zueinander.

Jutta BÖRKER-KLÄHN hält es hier für »nicht unmöglich, daß sich ein phrygischer Herrscher ähnlich denen von Karahöyük/Elbistan und Kizildag/Karadag den Großkönigstitel nach Zerfall des Großreiches angemaßt und gleich Hartapus die Aedicula ausgeliehen hätte. Die Treppenanlage spräche nicht gerade dagegen.«[13]

In den Jahren 1946, 1950, 1953 und 1958 war C.H. Emilie HASPELS insgesamt fast zwölf Monate in Phrygien unterwegs, im ersten Jahr zusammen mit Hatice ÇAMBEL, der Frau, die heute die Ausgrabungen am Karatepe und Domuztepe leitet. Spätestens seit der Anwesenheit der Archäologen ist die Aufmerksamkeit der Bewohner und Schatzgräber Beyköys auf den Yumruktepe gelenkt worden. Wir wurden Zeugen, wie das verhältnismäßig weiche Material, nämlich Tuff, von Halbwüchsigen »bearbeitet« wurde.

---

1) Das muß nicht unbedingt heißen, daß diese Spuren hethitisch im eigentlichen Sinn sein müssen.
2) Yumru Kaya bei: HASPELS (Anm. 6); Yumru Tepe bei: GONNET (Anm. 8).
3) W.M. RAMSAY, Athenische Mitteilungen 14 (1889) 181.
4) So unwahrscheinlich diese Theorie auch ist, so ist sie trotzdem nicht gänzlich von der Hand zu weisen.
5) C.H.E. HASPELS, The Highlands of Phrygia (1971) 288.
6) Ebda. 176.
7) F. STEINHERR, Istanbuler Mitteilungen 15 (1965) 23.
8) H. GONNET, nach: Anatolian Studies 31 (1981) 181 ff..
9) Diese Zweitverwendung von Inschriftensteinen als Baumaterial finden wir oft in der Türkei: Einfache Bauernhäuser oder seldschukische Karawansereien sind so mit Inschriften in hethitischer oder griechischer Sprache »geschmückt«.
10) C.H.E. HASPELS (Anm. 5) 176.
11) H. GONNET (Anm. 8) 182.
12) C.H.E. HASPELS (Anm. 5) 176 f. und 208.
13) J. BÖRKER-KLÄHN, Privatnotizen (1984).

(B) Der halbierte Mann bei Ermenek

1939 erwähnt Kurt BITTEL in einer kurzen Notiz[1]) ein »bisher unbeachtet gebliebenes Felsrelief« inmitten des westlichen Taurus in der Nähe von Ermenek. Das scheint Jahrzehnte lang so geblieben zu sein, bis sich 1977 Kay KOHLMEYER nach Ermenek aufmachte, allerdings vergeblich. Das Relief soll nach Angaben von M. WÄFLER gesprengt worden sein.[2]) Das stimmt nur zur Hälfte, da auch das Relief noch zur Hälfte existiert.

Die Kleinstadt Ermenek mit einigen alten, holzverzierten Häusern liegt 65 km westlich der Hauptstraße von Karaman nach Silifke über einem rechten Nebenfluß des Göksu. Sie ist über Gülnar (70 km, nur zur Hälfte geteert) oder über Mut (85 km) zu erreichen. Der Hügel Bezciler, an dessen Südrand sich das Relief befindet, liegt im Südosten der Stadt und ist von ihr aus zu sehen. 1987 mußten wir lange nach jemandem suchen, der den Hügel kannte und zu wissen glaubte, wo das gesuchte Relief ist. Doch wir hatten Glück, und auch Sie sollten sich der Hilfe eines Ortskundigen versichern.[3])

Nach einem dreiviertelstündigem Marsch in südöstlicher Richtung, zuerst bergab aus der Stadt hinaus, dann zwischen landwirtschaftlichen Nutzflächen hindurch und schließlich wieder aufwärts, sind wir auf dem Hügel Bezciler. Unser Führer, zuerst noch seiner Sache äußerst sicher, wird etwas kleinlaut. Er klettert da hin, er steigt dort hin und versucht dann, uns mit Gräbern zufriedenzustellen. In den Fels geschlagene rechteckige Gruben sind hier viele zu sehen, vielleicht aus römischer Zeit, aber kein Relief. Mulden bzw. kreisrunde Löcher gibt es hier, einige davon mit Überlaufrinnen, aber noch immer kein Relief.

Doch unser Führer gibt so schnell nicht auf. Nach einer halben Stunde hören wir ihn laut rufen: Er hat es geschafft! Doch wie wir vor dem Felsbild stehen, können wir unsere Enttäuschung nur sehr schlecht verbergen: Der Kopf und die Arme fehlen jetzt und damit fast alle Hinweise für eine Datierung. Nur die Beine und der Rocksaum sind noch übrig geblieben.

Ob die Zerstörung durch Witterungseinflüsse oder durc Schatzsucher verursacht wurde, vermögen wir nicht zu ent scheiden.

BITTEL konnte das Relief seinerzeit nur von einem kleiner Photo her beurteilen. Er sah eine offenbar männliche Gestalt ir kurzem Rock mit weit ausholenden Schritten nach links gehen Er fühlte sich an das Relief am *Karabel (Nr. 2)* erinnert. Bei beiden Denkmälern könnte man an »Murschilis II. große Feldzüge denken, wenn das Relief von Ermenek wirklich hethitisch wäre.«[4]) Damit würde es sich hier um eines der ältesten hethitischen Königsbilder handeln.

KOHLMEYER hält dieser These entgegen, daß für Murschili II. ein Feldzug in diese Gegend des Taurus nicht zu belegen ist. Außerdem würden seiner Ansicht nach folgende Gründe einer Datierung in die Großreichszeit widersprechen: Die »Frontalansichtigkeit von Kopf und Oberkörper einer männlichen Gestalt [...], die weit abgestreckten beiden Arme [...], die Umgrenzung mit einer Leiste, der giebelartige obere Abschluß.«[5]) All das läßt sich heute nicht mehr nachprüfen, das obere, fehlende Drittel war nun einmal aussagekräftiger.

---

1) K. BITTEL, Archäologischer Anzeiger 1939, 126 Abb. 15.
2) K. KOHLMEYER, Acta praehistorica et archaeologica 15 (1983) 102 Anm. 960.
3 Eine Wegbeschreibung nur mit Worten kann Sie nicht zum Relief führen.
4) K. BITTEL (Anm. 1) 126.
5) K. KOHLMEYER (Anm. 2) 103.

(C) Das planierte Quellheiligtum von Taçin

Das Quellheiligtum am Besiktas mit einer verstümmelten Inschrift befand sich in der Nähe des Dorfes Taçin, östlich von Bünyan, nordöstlich von Kayseri. H.Th. BOSSERT entdeckte 1954 den Stein.[1])

Leider war die erhabene, einzeilige Inschrift mit den zwei Königsnamen (Vater und Sohn) oberhalb einer Quelle schon "von den Bauern stark zerstört", so daß BOSSERT nicht ausschloß, daß sie ursprünglich zweizeilig gewesen sein könnte, da die verbliebene Zeile linksläufig war.[2]) Ob es sich hier um Großkönige handelte, vermochte er nicht zu sagen, da der obere Teil der Inschrift unleserlich war und die Voluten über den Königsideogrammen, sofern je vorhanden, der Zerstörung zum Opfer gefallen waren.

Froh war ich, im Dorf endlich einen alten Mann zu finden, der offensichtlich wußte, wo der Besiktas zu finden sei. Wir fuhren ein Stück mit dem Minibüs, dann wurde der Boden entlang des kleinen Baches zu morastig und wir beide gingen zu Fuß weiter. Schon von weitem deutete mein Führer auf eine kleine Erhebung; dort sei der Besiktas.

Schon beim Anmarsch hatte mich der rege Lastwagenverkehr auf einem neuen Schotterweg zu unserer Linken irritiert: In der Nähe des kleinen Hügels mußten sich unsere Wege kreuzen. Und so war es auch. Die Quelle am Besiktas existierte zwar noch, aber jeder Stein war zermalmt. Das Wasser hatte sich einen neuen, vielästigen Ablauf quer über die frische, gelbe Schotteroberfläche gebahnt. Die Spuren der Planierraupen waren nach meiner Schätzung noch keine acht Tage alt.

Es ist nicht das erste Mal (s. *Kötükale, D*), daß so etwas aus lauter Unwissenheit passiert, und mit Sicherheit auch nicht das letzte Mal. Schade drum.

---

1) H.G. GÜTERBOCK, Anatolian Studies 6 (1956) 54.
2) H.Th. BOSSERT, Orientalia NS 19 (1950) Die hethitischen Inschriften werden in der Regel in der ersten Zeile von rechts nach links geschrieben.

(D) Die Inschrift von Kötükale

Die sechszeilige Inschrift am Fluß Tohma-su befindet sich 5 km östlich von Balaban, das an der Hauptstraße Kayseri-Malatya, 15 km südöstlich Darende, liegt.

Wenn Sie aus der Richtung Malatya kommen, geht am Ortsausgang etwa in Höhe der Jandarma-Station links ein Weg nach rechts, Osten, ab. Sie folgem diesem Weg, fahren an einer Viehtränke vorbei und durch das Dorf Kötükale. Sie müssen sich nur immer in Richtung auf den Fluß zu halten, bis Sie zum Eingang einer Schlucht kommen. Jetzt noch durch einen kurzen Tunnel, dann müßte die Inschrift links des Weges in der felsigen Uferböschung zu finden sein, wenn sie nicht von Erde und Steinen bedeckt ist oder unter Wasser steht.

Diese Inschrift hat möglicherweise dasselbe Schicksal ereilt wie die bei dem Dorf *Tacin (Nr. C)*, nämlich daß sie Straßenbauarbeiten zum Opfer gefallen ist. Nur bin ich mir hier nicht so sicher; 1986 stieß ich dort auf zwei Männer, die von sich aus just an der Stelle zusammen mit mir graben wollten, an der ich anhand älterer Beschreibungen des Fundortes die Inschrift vermutete.[1])

Zum ersten Mal erfuhr man 1911 durch die amerikanische Cornell-Expedition unter CHARLES, OLMSTEAD und WRENCH von der Existenz einer hethitischen Inschrift am Tohma-su, südöstlich von Darende. Sie versuchten zweimal, dorthin zu kommen, jedoch war der Wasserspiegel immer zu hoch. So mußten sie sich ganz auf die Umzeichnung eines armenischen Büchsenmachers aus Darende verlassen.[2])

Auch der nächste Besucher im Jahre 1929 hatte kein Glück. H.H. v.d. OSTEN ging drei Meter vor dem Ziel mitsamt Abklatschpapier und Bürste baden, wobei er sich das Knie verletzte und umkehren mußte.[3])

Erst Ignace J. GELB gelingt es im Sommer 1935 mühelos, die Inschrift zu erreichen, da gerade zu dem Zeitpunkt die Felsen am Rand der Schlucht weggesprengt werden, um Raum für einen neuen Weg entlang des Flusses zu schaffen. Er kommt im richtigen Augenblick, die Arbeiter sind eben dabei, den Felsen mit der 1,80 m hohen Inschrift in die Luft zu jagen. Es gelingt ihm, das zu verhindern und sehr gute Aufnahmen zu machen.[4])

Neunzehn Jahre später will H. Th. BOSSERT anhand des Originals die Umzeichnung und damit die Lesung der Inschrift falls nötig verbessern.[5]) Im August 1954 bricht er zusammen mit seiner Frau und seinem Assistenten M. KALAÇ sowie zwei kurdischen Arbeitern nach Kötükale und zur Schlucht auf und findet dort an der Inschriftenstelle - nichts. Nach seinen Berechnungen und Vergleichen mit den Messungen seiner Vorgänger müßte die oberste Zeile der Inschrift jetzt 1,40 m tief im Boden stecken. Um den gesamten Text freizulegen, hätte er einen über 3 m tiefen Graben in den damals viel befahrenen Weg schaufeln müssen, er begnügt sich damit, bis zu den obersten zwei Zeilen vorzudringen.

BOSSERT bestätigt GELBS Umschrift; er stellt fest, diese Inschrift mit der von *Gürün (Nr. 25)* »in der Komposition verwandt« sein muß, eine muß der anderen als Vorbild gedient haben. Bei der Lesung des Textes erfährt BOSSERT, daß der Verfasser der Inschrift von *Sirzi (Nr. 26)* der Bruder oder Onkel des Verfassers der Kötükale-Inschrift sein muß. Doch »wird man bis zur Erschliessung neuer Quellen über das hier Vorgebrachte schwerlich hinauskommen.«[6])

Heute würde man bei einem erneuten Versuch, die gesamte Inschrift freizulegen, nicht mehr BOSSERTS Bedenken, den Weg vorübergehend zu sperren, teilen müssen.[7]) Auch HAWKINS spricht von künftigen Versuchen, die verlorengegangene Inschrift wiederzuentdecken.[8])

Die Burg Kötükale oberhalb der Schlucht ist eine aus regelmäßigen Quadern erbaute Festung, ihre Mauern ruhen auf dem Fels. Zur Verbindung der Steine wurde Mörtel verwendet, so daß »die Anlage kaum älter als römisch« sein kann.[9])

---

1) Ich mußte ihren Eifer bremsen, denn ich hatte natürlich keine offizielle Grabungserlaubnis. Auch Ihnen empfehle ich, die Finger davon zu lassen. Und: Glauben Sie nicht, daß Sie jemals ganz allein sein können; hier wie überall haben die Felsen Augen und Ohren!

2) B.B. CHARLES et al., Travels and Studies in the Nearer East (Cornell-Expedition) I, 2 (1911) 38 f.

3) H.H. v.d. OSTEN, Explorations in Hittite Asia Minor (= OIC 8) (1930) 102 ff.
4) I.J. GELB, Hittite Hieroglyphic Monuments (= OIP 45) (1939) 35 ff.
5) H.Th. BOSSERT, Le Muséon 68 (1955) 61 ff.
6) H.Th. BOSSERT (Anm. 5) 68.
7) Heute fährt dort allenfalls mal ein Traktor durch, nachdem seit Jahren die Hauptstraße weiter im Süden, über die Berge verläuft.
8) J.D. HAWKINS, Anatolian Studies 25 (1975) 11.
9) H. Th. BOSSERT (Anm. 5) 70.

(E) Die Festung Meydancik Kalesi

1971 begannen türkische und französische Archäologen mit einer ersten Bestandsaufnahme von Meydancik Kalesi, südöstlich von Gülnar, im Rauhen Kilikien. Zwei Jahre später wurden hier unter der Leitung von Raci TEMIZER und Emmanuel LAROCHE große Teile der Nordbastion mit einem monumentalen Eingang aus der Großreichszeit freigelegt. In griechisch-persischer Zeit wurde die Anlage weiter befestigt.

Aufmerksam gemacht wurden die Ausgräber durch ein 1965 erschienenes Buch von M. Hadi ALTAY, der die alte Ruinenstätte als erster beschrieb.

Wir verlassen Gülnar auf der Hauptstraße in südsüdwestlicher Richtung und biegen nach 1,5 km links ab. Auf diesem Weg weitere 3 km, bei der Gabelung wieder links. Wenig später erreichen wir die Burganlage.

LAROCHE berichtet 1972 über die »deutlich erkennbaren« Reste: Am nördlichen Ende steht eine hethitische Bastion mit »monumentalem Eingang«. Innerhalb des Haupteingangs befinden sich oben auf einer Säule die verwitterten Reste einer großköniglichen Kartusche von Muwatalli. Sie würde somit zeitgleich mit dem Relief in *Sirkeli (Nr. 31)* sein. Zwei Reliefs in der Nähe, auf der Südseite, zeigen angeblich eine Prozession von Würdenträgern in achämenidischem Gewand.[1]

Zwei Jahre später schreibt LAROCHE, daß hier auch Reste hethitischer Reliefs mit Hieroglypheninschriften gefunden worden sein sollen. In der Nähe des Eingangs soll auf einem Eckstein der obere Teil einer Prinzendarstellung ähnlich der in *Hanyeri (Nr. 23)* sein.[2] Das alles würde gut dazu passen, daß Muwatalli seinen Hof in das »Untere Land«, nach Tarhuntascha verlegte, und dieser neue provisorische Regierungssitz sei womöglich mit Meydancik Kalesi identisch.[3] Das Land Tarhuntascha müßte demnach Kilikia Tracheia sein.

1980 wurde hier ein beträchtlicher Geldschatz aus der hellenistischen Epoche geborgen, über 5000 Silbermünzen aus der Zeit Alexanders des Großen und seiner Nachfolger.

Die Kampagne von 1986 erbrachte ein rechteckiges Loch von 2x3 m Querschnitt und einer Tiefe von mind. 15 m, ohne daß man bis dahin auf den Grund gestoßen wäre. Der Aushub war nicht sehr ergiebig; die unteren Schichten waren der hellenistischen Epoche zuzuordnen. Überrascht war man, als man auf eine seitliche Öffnung stieß, die zu einer natürlichen Grotte mit Stalagmiten und Stalaktiten führt.

Zwei schlecht erhaltene aramäische Inschriften, eine beim Eingang, die andere in einem Felsgrab, konnten datiert werden und den persischen Namen für diese Stätte während der persischen Besatzungszeit liefern.[4])

Wir waren in den Jahren 1985 und 1987 auf der Burg, konnten damals jedoch weder ein Relief noch auch nur die Spur einer Inschrift entdecken.[5]) Wir machten lediglich die Bekanntschaft eines türkischen »Aussteigers«. Ein kleiner, schmächtiger Mann mit lederner Gesichtshaut rutschte uns plötzlich von oben her vor die Füße. Er erklärte uns die Anlage auf seine Weise und verstand es dabei, uns zu Suggestivfragen zu verleiten, so daß wir mit seiner Hilfe und unserer Ungeschicklichkeit hinterher genauso schlau waren wie zuvor. Daß er sich hier als Selbstversorger den ganzen Sommer über aufhalte, glaubten wir ihm gerne. Die Schrotflinte genügte zur Jagd auf Schlangen und Vögel, von denen er sich ernährte. Und das kleine Transistorradio verband ihn mit dem restlichen Teil der Welt. Auf diese Weise war er autark. Fast autark, denn er erbat sich von uns ein paar Lira für neue Batterien und Streichhölzer.

---

1) E. LAROCHE in: American Journal of Archaeology 76 (1972) 171.
2) Eigenartig, daß m.W. bis heute weder eine Photographie noch eine Skizze existieren, von einem genaueren Bericht aus erster Hand ganz zu schweigen.
3) E. LAROCHE in: American Journal of Archaeology 78 (1974) 111.
4) A. DAVESNE in: Anatolian Studies 37 (1987) 208 f.
5) An beiden Tagen war der Himmel bewölkt, das mag auch ein Grund dafür gewesen sein.

Bibliographie

Ekrem AKURGAL, Die Kunst der Hethiter, München 1961.

U. Bahadir ALKIM, Anatolien I, Genf 1968.

Kurt BITTEL, Die Hethiter, München 1976.

DERS., Beitrag zur Kenntnis hethitischer Bildkunst, Heidelberg 1976.

DERS., Hattuscha, Hauptstadt der Hethiter, Köln 1983.

Jutta BÖRKER-KLÄHN, Altvorderasiatische Bildstelen und vergleichbare Felsreliefs (Baghdader Forschungen 4), Mainz 1982.

Helmut Theodor BOSSERT, Altanatolien, Berlin 1942.

Fischer Weltgeschichte, Bd. 3 und 4, Die altorientalischen Reiche II und III, E. CASSIN et al. (ed.), Frankfurt am Main 1966 und 1967.

Ignace GELB, Hittite Hieroglyphic Monuments, Chicago 1939.

Albrecht GOETZE, Kulturgeschichte Kleinasiens^2, München 1957.

Hugo GROTHE, Meine Vorderasienexpedition 1906 und 1907, Leipzig 1911/12.

Historia 7, Neuere Hethiterforschung, Gerold WALSER (ed.), Wiesbaden 1964.

Bedrich HROZNY, Les Inscriptions Hittites hiéroglyphiques I-III, 1933/37.

Kay KOHLMEYER, Felsbilder der hethitischen Großreichszeit, Acta praehistorica et archaeologica 15, 1983.

Emmanuel LAROCHE, Les Hiéroglyphes Hittites I, Paris 1960.

Ludwig MESSERSCHMIDT, Corpus Inscriptionum hettiticarum, MVAG 5 (1900); MVAG 7 (1902); MVAG 11 (1907).

Rudolf NAUMANN, Architektur Kleinasiens von ihren Anfängen bis zum Ende der hethitischen Zeit, Tübingen 1955.

Winfried ORTHMANN, Untersuchungen zur späthethitischen Kunst, Saarbrücken 1971.

Hans ROTT, Kleinasiatische Denkmäler, 1908.

Charles TEXIER, Description de l'Asie Mineure, (6 Bde) Paris 1839-49.

Gerold WALSER (ed.), Historia 7, Neuere Hethiterforschung, Wiesbaden 1964.

Landkarten

Turkey Road Map, hrsg. v. Türkischen Ministerium für Tourismus und Information, o.J., 1 : 850000.

Türkei, Östlicher Teil, Zypern, RV Reise- und Verkehrsverlag, Stuttgart 1988, 1 : 800000.

Mikyasli Türkiye Haritasi Pafta Indeksi, Blatt A 1 bis F 17, 1946−52(?), 1 : 200000.

Abkürzungsverzeichnis

AA: Archäologischer Anzeiger

AAA: Annals of Archaeology and Anthropology

Akurgal, Kunst: E. AKURGAL, Die Kunst der Hethiter (1961)

AM: Mitteilungen des Kaiserlich Deutschen Archäologischen Instituts, Athenische Abteilung

AnSt: Anatolian Studies

APA: Acta praehistorica et archaeologica

ArchOr: Archiv Orientalni

CIH: L. MESSERSCHMIDT, Corpus inscriptionum Hettiticarum, MVAG 5 (1900), MVAG 7 (1902) und MVAG 11 (1907)

FS Güterbock: Anatolian Studies Presented to Hans Gustav GÜTERBOCK on the Occasion of his 65th Birthday (1974)

HHM: I. GELB, Hittite Hieroglyphic Monuments (1939) = OIP 45.

ILN: Illustrated London News

JNES: Journal of Near Eastern Studies

Kroll, Denkmäler: H. SWOBODA et al. (ed.), Denkmäler aus Lykaonien, Pamphylien und Isaurien (1935)

JHS: Journal of Hellenic Studies

MDOG: Mitteilungen der Deutschen Orient-Gesellschaft

MVAG: Mitteilungen der Vorderasiatischen Gesellschaft

OIP: Oriental Institute Publications

OrAnt: Oriens Antiquus

Perrot, Histoire: G. PERROT/Ch. CHIPIEZ, Histoire de l'art dans l'antiquité IV (1887)

PSBA: Proceedings of the Society of Biblical Archaeology

RSO: Rivista degli Studi Orientali

Rott, Denkmäler: Hans ROTT, Kleinasiatische Denkmäler (1908)

Texier, Description: Ch. TEXIER, Description de l'Asie Mineure faite par l'ordre du Gouvernement Français de 1833 à 1837 (1839-1847)

TSBA: Transcriptions of the Society of Biblical Archaeology

TTK Bell.: Türk Tarih Kurumu Belleten

TTKY: Türk Tarih Kurumu Yayanlarindan

LEXIKON

Orte und Länder

Akpinar: Trinkwasserquellgebiet am Südrand der Gediz-Ebene, südöstlich von Manisa, südlich verläuft der Bergrücken des Sipylos (heute Manisa Dagi), dort nahezu vollplastische Figur der "Niobe" (Nr. 1).

Alaca Hüyük: Große vorhethitische und hethitische Ausgrabungsstätte, ca. 25 km nordöstlich Bogazköy. Sphingentor und Orthostaten mit Reliefs (Nr. 19).

Antitaurus: Gebirgsketten, die dem Taurus (s. diesen) vorgelagert sind.

Bogazköy (heute auch: Bogazkale): Dorf bei der ehemaligen hethitischen Hauptstadt Hattuscha.

Bulgarmaden (Bolkarmaden): Dorf im Taurus mit Bergwerksinschrift (Nr. 13).

Ceyhan: Antiker Name Pyramos; entspringt in den Bergen von Maras und mündet in den Golf von Iskenderun.

Eflatun Pinar: Quellheiligtum 15 km nördlich Beysehir (Nr. 6).

Fasillar: Monumentale Stele 14 km südöstlich Beysehir (Nr. 7), Kopie in Ankara.

Fraktin: Friesähnliches, 6 m breites Relief südlich Kayseri (Nr. 20).

Gavurkalesi: Grabkammern und Reliefs mit den drei höchsten hethitischen Gottheiten (Nr. 4), 60 km südsüdwestlich Ankara.

Gürün: Ort zwischen Kayseri und Malatya, zwei späthethitische Inschriften am Fluß Tohma-su (Nr. 25).

Halys: Antiker Name für den Fluß Kizilirmak (s.d.)

Hanigalbat: Pufferstaat zwischen dem assyrischen und hethitischen Reich.

Hanyeri: Dorf im Antitaurus in der Nähe einer Paßhöhe; Prinzenrelief (Nr. 23).

Hatay: Südlichste Provinz der Türkei, Hauptstadt Antakya; 1939 nach einer Volksabstimmung der Türkei angegliedert; auf syrischen Landkarten immer noch zu Syrien gehörig.

Hatti: Ursprünglicher Name für das Hethiterreich.

Hattuscha: Hauptstadt des hethitischen Großreiches; 1834 von Charles Texier entdeckt.

Hemite: Dorf nordwestlich von Ceyhan; Prinzenrelief (Nr. 30).

Imamkulu: Dorf 70 km südöstlich Kayseri, mit Felsrelief (Nr. 22).

Ivriz: Dorf am Nordfuß des Taurus südlich von Eregli; zwei späthethitische Reliefs, außerdem ein weiteres, noch nicht datiertes Relief (Nr. 12).

Kalykadnos (auch Saleph): Antiker Name für den Fluß Göksu; in ihm ertrank Kaiser Friedrich Barbarossa 1190 n.Chr.

Kappadokien: Landschaft im mittleren Anatolien mit Kayseri als Zentrum.

Karabel: Felsrelief ca. 30 km östlich von Izmir, bei Kemalpasa (Nr. 2).

Karaburna: Dorf zwischen Nevsehir und Kirsehir; späthethitische Inschrift auf der Festung (Nr. 16).

Kara Dag (auch Mahaliç): Bergmassiv und Gipfel mit zwei Hartapus-Inschriften, südöstlich Konya (Nr. 9).

Karakuyu: Tscherkessisches Dorf zwischen Kayseri und Malatya; großreichszeitliches Wasserrückhaltebecken (Nr. 24).

Karapinar: Große Hieroglypheninschrift südwestlich Nevsehir (Nr. 14).

Karasu: Beschädigtes Felsbild über einem Euphratnebenfluß nordöstlich Gaziantep (Nr. 27).

Karatepe: Fundort der ersten größeren Bilinguen; im 8. Jhd. Sommerresidenz von König Asitawata. Heute Freilichtmuseum mit zahlreichen Reliefs und Inschriften (Nr. 29); Fotografierverbot.

Karien: Antike Landschaft im südwestlichen Anatolien, zwischen Lydien und Lykien.

Karkemisch: Ort am rechten Ufer des Euphrat an der türkisch-syrischen Grenze. Früher Sitz hethitischer Vizekönige. Die Stadt kann nur mit Erlaubnis des türkischen Militärs besichtigt werden; angeblich ist das Gebiet noch stellenweise vermint.

Karum Kanisch: Die altassyrische Handelskolonie von Kanisch, dem heutigen Kültepe; Ausgrabungen durch Hrozny u.a.

Kayseri: Das antike Caesarea, am Fuße des Erciyas Dagi (3916 m), einem ehemaligen Vulkan.

Keben: Dorf 20 km nordwestlich von Silifke; oberhalb eine hethitische(?) Frauendarstellung (Nr. 11).

Kilikien: Landschaft im südlichen Anatolien; im Osten der ebene Teil, die Çukurova; im Westen das "rauhe Kilikien".

Kizil Dag: Vulkanischer Kegel mit Königsbild und Hieroglypheninschriften (Nr. 8), zu Nr. 9 und 10 gehörig.

Kizilirmak: Der antike Halys, längster Fluß in der Türkei (1180 km), mündet nordwestlich Samsun in das Schwarze Meer.

Kizzuwatna: Hethitischer Name für Kilikien.

Kommagene: Antike Landschaft zwischen Kilikien und Euphrat.

Lydien: Antike Landschaft im westlichen Kleinasien mit der Hauptstadt Sardes, heute Sart.

Lykaonien: Antike Landschaft im südlichen Zentralanatolien.

Lykien: Antike Landschaft im westlichen Teil des südlichen Kleinasiens mit dem Hauptort Xanthos.

Malkaya: Beschrifteter Felsblock 8 km westlich Kirsehir (Nr. 17).

Mamasin: Auch Burunkaya genannt; Fundort einer späthethitischen Inschrift (Nr. 10).

Midas-Sehri: Midasstadt, heute Yazilikaya genannt; große phrygische Felsfassade; an einem Zugang zum Plateau möglicherweise hethitische Reliefs (Nr. 3).

Mitanni: Reich im oberen Mesopotamien.

Nisantas: Große Felsinschrift in der hethitischen Hauptstadt Hattuscha (Nr. 18a).

Pamphylien: antike Landschaft an der Südküste Kleinasiens, zwischen Lykien und Kilikien.

Paphlagonien: antike Landschaft im nördlichen Kleinasien.

Phrygien: antike Landschaft im mittleren Kleinasien mit der Hauptstadt Gordion.

Pisidien: Landschaft im südwestlichen Kleinasien mit den Monumenten Eflatun Pinar und Fasillar.

Pyramos: Antiker Name für den Fluß Ceyhan.

Sipylos: Gebirge ostnordöstlich von Izmir und südlich der Flußebene des Gediz, heute Manisa Dagi; am Nordrand das Relief von Akpinar (Nr. 1), die "Niobe".

Sirkeli: Dorf östlich von Adana; am rechten Ufer des Ceyhan Relief des hethitischen Großkönigs Muwatalli (Nr. 31).

Sirzi: Dorf nordwestlich Malatya; in der Nähe hethitisches Bergwerk und Fels mit späthethitischer Inschrift (Nr. 26).

Smyrna: Griechischer Name für Izmir.

Subartu: Quellgebiet des Chabur-Flusses mit dem Tell Halaf.

Suvasa: Felsblock mit ungewöhnlichen Hieroglypheninschriften, nordwestlich Nevsehir (Nr. 15).

Tabal: Späthethitisches Großkönigtum südlich des Halys bis zur Taurusbarriere, mit Wassurma als letztem König, wird dann assyrische Provinz.

Tarhuntascha: Hethitisches Königreich in Südanatolien; die gleichnamige Hauptstadt war zeitweise Regierungssitz des Großreichs anstelle Hattuschas. E. Laroche identifiziert sie mit Meydancik Kalesi (Nr. E).

Tasci: Auf Landkarten auch Bakirdagi genannt; Dorf südsüdöstlich von Kayseri, in der Nähe zwei Gruppen von Felszeichnungen aus der Großreichszeit (Nr. 21).

Taurus: Gebirgskette im Süden Kleinasiens, die die zentralanatolische Hochebene vom Mittelmeer trennt; nach Osten teilt sie sich in mehrere Gebirgszüge.

Troja: Ab ca. 2600 v.Chr. besiedelte Stadt im westlichen Kleinasien, erste Ausgrabungen durch H. Schliemann (1870-90).

Tyana: Antike Stadt am Nordhang des Taurus, südlich Nigde; heute: Kemerhisar.

Ugarit: Antike Stadt an der syrischen Mittelmeerküste, Fundort des ersten Alphabets; heute: Ras Shamra.

Yalburt: Dorf 23 km nordnordöstlich von Ilgin (zwischen Konya und Afyon); in der Nähe Wasserbassin mit zahlreichen Blöcken, die Inschriften aus der Zeit Tuthalijas IV. tragen (Nr. 5).

Yazilikaya: a) Felsheiligtum mit vielen Reliefs aus der Großreichszeit, 1,5 km nordöstlich Bogazkale/Hattuscha (Nr. 18b). b) Heutiger Name für Midasstadt (s.d.), ein phrygisches Heiligtum zwischen Eskisehir und Afyon.

Yesemek: Dorf zwischen Adana und Gaziantep, 24 km südöstlich Islahiye; in der Nähe 200x300 m großes Bildhaueratelier unter freiem Himmel, aus der späthethitischen Zeit; die Skulpturen sind in den verschiedensten Stadien der Bearbeitung (Nr. 28).

Sachen

Abklatsch: Negativkopie eines Reliefs, wird heute mit speziellen Kunststoffen angefertigt.

Adoration: Götterverehrung; oft auf hethitischen Reliefs zu findendes kultisches Motiv.

Aedicula: Flügelsonne.

Bilingue: Zweisprachige Inschrift.

Bosse: Relief oder Skulptur in unfertigem Zustand (s. Yesemek Nr. 28).

Bustrophedon: Zeilenverlauf "so, wie der Ochse pflügt".

Cup-mark: Libationsmulde, Aushöhlung im Fels für Trankopfer oder kultische Reinigung.

Flügelsonne: Aus Ägypten übernommener wichtiger Bestandteil dynastischer Verlautbarungen des Hethiterreiches.

Genealogie: Abstammung; wird häufig auf hethitischen Königsinschriften aufgeführt.

Hiatus: Lücke, Bruch.

Hüyük: Ruinenhügel aus prähistorischer und historischer Zeit aus "Kulturschutt", im Laufe der Besiedlung gewachsen (arab. "Tell" genannt).

Ideogramm: Hieroglyphisches oder Keilschriftzeichen für ein bestimmtes Wort oder einen Begriff.

Kalmusch: s. Lituus.

Kartusche: Fläche, auf der der Name bzw. das Ideogramm eines Herrschers angebracht ist.

Karum: Bezeichnung für eine altassyrische Handelskolonie.

Kenotaph: Scheingrab, z.B. in Gavurkalesi.

Libation: Trankopfer, kultische Handlung. Der Opfernde gießt aus einem besonderen Gefäß eine geweihte Flüssigkeit aus, um einen Gott zu verehren.

Linearschrift: Auf Kreta entdeckte Schrift, die auf eine Bilderschrift zurückgeht.

Lituus (heth.: Kalmusch): Krummstab, wie ihn einige hethitische Könige als Zeichen ihrer Macht tragen.

luwisch: indogermanische Sprache, dem Hethitischen eng verwandt.

Mischwesen: Löwen-, Stier-, Vogelmenschen. Sie gehören zu den beliebtesten Darstellungen der Großreichszeit.

Orthostaten: hochkant stehende Quader in der Basis von monumentalen Mauern, oft mit Reliefs verziert.

Polos: Radförmige Kopfbedeckung hethitischer Königinnen und Göttinnen.

Spolie: Wiederverwendete Bauteile in einer späteren Konstruktion.

Stele: Aufrecht stehende Steinplatte mit bildlichen Darstellungen oder Inschriften.

Survey: Archäologische Geländebegehung.

Tell: s. Hüyük.

Terra sigillata: Gefirnißte Keramik.

Trachyt: Vulkanisches Ergußgestein.

Personen und Völker

Akkader: Semitisches Volk in Mesopotamien; akkadisch: Diplomatensprache im Vorderen Orient im II. Jahrtausend.

Akurgal, Ekrem: Zeitgenössischer türkischer Archäologe, Professor an der Universität Ankara.

Alkim, U. Bahadir: Türkischer Archäologe und Altorientalist, Professor an der Universität Istanbul (gest.).

Andrae, Walter: Deutscher Bauforscher und Archäologe (1878-1956); Ausgrabungen in Assur.

Aramäer: Semitische Nomadenverbände, die seit der 2. Hälfte des 2. Jahrtausends nach Nordsyrien und Babylonien strömten. Im 8. und 7. Jahrhundert hatten sie auch südostanatolische Kultur- und Wirtschaftszentren in ihrer Hand.

Asitawata (auch Asitawanda): König in der nach ihm benannten Stadt, dem heutigen Karatepe (Nr. 29).

Bell, Gertrude L.: Englische Forschungsreisende und Orientalistin (1868-1926).

Bittel, Kurt: Nestor der deutschen vorderasiatischen Archäologie; Ausgrabungen vor allem in Bogazköy.

Bossert, Helmut Theodor: Deutscher Archäologe (1889-1961), in die Türkei emigriert; Ausgrabungen in Karatepe.

Güterbock, Hans Gustav: Deutscher Archäologe, in die USA emigriert; Professor am Oriental Institute der Universität Chicago.

Hamilton, William John: Engl. Forschungsreisender und Geologe; Entdecker von Alaca Hüyük (Nr. 19) und Eflatun Pinar (Nr. 6).

Hattuschili I.: Hethitischer König zu Beginn des Alten Reiches (um 1600); er verlegte die Hauptstadt nach Hattuscha.

Hattuschili III.: Hethitischer Großkönig (1275-1250); unter ihm war das Reich auf dem Höhepunkt seiner Macht. Er verheiratete zwei seiner Töchter mit dem Pharao Ramses II. von Ägypten.

Hawkins, J.D.: Zeitgenössischer britischer Archäologe und Linguist, befaßt sich vor allem mit der Hieroglyphenschrift.

Hepat: Hurritische Hauptgöttin, Gemahlin des Teschup, in zahlreichen Kultstätten verehrt.

Herodot: Griechischer Geschichtsschreiber (485-420); aus Karien gebürtig.

Hrozny, Bedrich: tschechischer Sprachforscher (1879-1952) und Ausgräber in Kültepe; er wies nach, daß die hethitische Sprache zur indogermanischen Sprachfamilie gehört.

Kaschka-Völker: Völker nördlich des Hethiterreiches, sie sorgten durch Überraschungsangriffe für ständige Unruhe.

Kybele: Phrygische Göttin, "Große Mutter".

Laroche, Emmanuel: Französischer Hethitologe; Arbeiten über die hethitische Sprache und Geschichte, vor allem über die Hieroglyphenschrift.

Makridi, Theodor: Konservator am Kaiserlich Osmanischen Museum in Konstantinopel; erste Ausgrabungen in Alaca Hüyük.

Mellink, Machteld J.: Zeitgenössische amerikanische vorderasiatische Archäologin.

Meriggi, Paolo: Italienischer Hethitologe; Arbeiten über die hethitische Sprache und Geschichte, besonders über die Bilderschrift.

Midas: Sagenhafter phrygischer König (738-696), Zeitgenosse des assyrischen Königs Sargon.

Murschili I.: Hethitischer Großkönig (1620-1590).

Murschili II.: Hethitischer Großkönig (1339-1306).

Muwatalli: Hethitischer Großkönig (1306-1282); auf dem Felsrelief von Sirkeli (Nr. 31) dargestellt.

Naumann, Rudolf: Deutscher Architekt und Bauforscher, Ausgrabungen in Bogazköy und Yazilikaya.

Neve, Peter: Deutscher Architekt und Archäologe, leitet die Ausgrabungen in Bogazkale.

Niobe: Sagenhafte Frauengestalt, angeblich in Akpinar (s.d.) dargestellt (Nr. 1).

Pausanias: Griechischer Schriftsteller aus Lydien im 2. Jh. n.Chr.

Protohattier: Ureinwohner des Hethiterreiches.

Puduhepa: Hethitische Großkönigin, Gemahlin von Hattuschili III., spielt in der internationalen Politik eine bedeutende Rolle; Darstellung auf dem Relief von Fraktin (Nr. 20).

Ramsay, William Mitchell: Britischer Archäologe (1851-1939).

Ramses II.: Ägyptischer König (1290-24); schloß nach der Schlacht von Kadesch Frieden mit den Hethitern unter Hattuschili III.

Rezent: Frisch; noch bestehend.

Runda: Hirschgott; Schutzgott der Jagd und der Natur; am Karasu dargestellt (Nr. 27).

Sargon II.: Assyrischer König (721-705).

Scharruma: Sohn der Hepat und des Teschup.

Schuppiluliuma I.: Hethitischer Großkönig (1380-1340); Begründer der hethitischen Großmacht.

Schuppiluliuma II.: Letzter bekannter hethitischer Großkönig (1190- ?), Sohn des Tuthalija IV.

Seevölker: Ägyptische Bezeichnung für die Eindringlinge in Kleinasien im 13. Jahrhundert; sie wurden für den Niedergang des hethitischen Großreiches verantwortlich gemacht.

Strabo: Griechischer Geograph und Reisender aus Amasya; lebte um die Zeitenwende.

Sumerer: Schöpfer der städtischen Hochkultur Babyloniens.

Tarhu(nt): Wettergott, auch Teschup genannt, in Ivriz (Nr. 12) z.B. dargestellt.

Tasyürek, O.Aytug: Zeitgenössischer türkischer Archäologe.

Teschup: Hethitische Hauptgottheit, Wettergott des Himmels, sein Ideogramm ist der Blitzdreizack ("W").

Texier, Charles: französischer Architekt und Archäologe; er entdeckte u.a. 1834 die Ruinen von Bogazköy und die Reliefs von Yazilikaya (Nr. 18b).

Tiglatpileser I.: Assyrischer König (1114-1076).

Tiglatpileser III.: Assyrischer König (745-727).

Tuthalija IV.: Hethitischer Großkönig (1250-1220), Sohn der Puduhepa und des Hattuschili III.

Warpalawas: Hethitischer König von Tyana aus der Spätzeit; dargestellt in Ivriz (Nr. 12).

Winckler, Hugo: Deutscher Archäologe (1863-1913), Ausgrabungen in Bogazköy ab 1906.

Woolley, C. Leonhard, Sir: Englischer Archäologe (1880-1960); Ausgrabungen in Karkemisch.

Neu auf dem archäologischen Reiseführermarkt!

108 Seiten, 7 Wegskizzen, 20 Fotos, 17 Zeichnungen, eine Landkarte, eine Zeittafel und ein Verzeichnis der Fachausdrücke

19,80 DM

ISBN 3-924390-01-0

VERLAG
EBERHARD P. ROSSNER
Titurelstraße 4
8000 München 81

Aus dem Inhalt:
Geschichte * Handelskolonien in Anatolien * Staat * Heer * Die Grausamkeit der Assyrer * Eisenzeit * Verhältnis zu Babylon * Kunst * Zeittafel * Reliefs * Nachtrag: Palastreliefs in München

Dieses Buch ist eine Gesamtdarstellung aller neuassyrischer Felsreliefs in der Türkei, soweit sie noch am ursprünglichen Ort sind und nicht in einem Museum irgendwo auf der Welt verstauben. Einen vergleichbaren Führer gibt es bisher nicht.

Mit detaillierten Wegbeschreibungen und genauen Skizzen führt er zu den einzelnen Reliefs. Ihre Entstehung und der ganze zeitliche Hintergrund werden ausführlich geschildert, wobei die manchmal unterschiedlichen Ansichten der Archäologen eingehend diskutiert werden. Auch der Fortgang in der Forschungsgeschichte wird ausgiebig beleuchtet.

Alphabetische Reihenfolge		Die Standorte der Reliefs	
1	Akpınar	1	Akpınar
19	Alaca Hüyük	2	Karabel
13	Bulgarmaden	3	Midasstadt
6	Eflatun Pınar	4	Gavurkalesi
B	Ermenek	5	Yalburt
7	Fasıllar	6	Eflatun Pınar
20	Fraktın	7	Fasıllar
4	Gavurkalesi	8	Kızıl Dağ
25	Gürün	9	Kara Dağ
23	Hanyeri	10	Mamasın
18a	Hattuscha/Nişantaş	11	Keben
30	Hemite	12	Ivriz
22	Imamkulu	13	Bulgarmaden
12	Ivriz	14	Karapınar
2	Karabel	15	Suvasa
16	Karaburna	16	Karaburna
9	Kara Dağ	17	Malkaya
24	Karakuyu	18a	Hattuscha/Nişantaş
14	Karapınar	18b	Yazılıkaya
27	Karasu	19	Alaca Hüyük
29	Karatepe	20	Fraktın
11	Keben	21	Taşçı
8	Kızıl Dağ	22	Imamkulu
D	Kötükale	23	Hanyeri
17	Malkaya	24	Karakuyu
10	Mamasın	25	Gürün
E	Meydancık Kalesi	26	Şırzı
3	Midasstadt	27	Karasu
31	Sirkeli	28	Yesemek
26	Şırzı	29	Karatepe
15	Suvasa	30	Hemite
C	Taçın	31	Sirkeli
21	Taşçı	Exkurs:	
5	Yalburt	A	Yumruktepe
18b	Yazılıkaya	B	Ermenek
28	Yesemek	C	Taçın
A	Yumruktepe	D	Kötükale
		E	Meydancık Kalesi